El Español Digital

El Español Digital

JOHN P. SULLIVAN

Outskirts Press, Inc.
Denver, Colorado

Este volumen va dedicado a todos y a cada uno de aquellos que han tenido que dejar sus querencias para buscar una vida mejor, más feliz, para sí y para los suyos.

The opinions expressed in this manuscript are solely the opinions of the author and do not represent the opinions or thoughts of the publisher. The author has represented and warranted full ownership and/or legal right to publish all the materials in this book.

El Español Digital
All Rights Reserved.
Copyright © 2009 John P. Sullivan
v4.0

Cover Photo © 2009 JupiterImages Corporation. All rights reserved - used with permission.

This book may not be reproduced, transmitted, or stored in whole or in part by any means, including graphic, electronic, or mechanical without the express written consent of the publisher except in the case of brief quotations embodied in critical articles and reviews.

Outskirts Press, Inc.
http://www.outskirtspress.com

ISBN: 978-1-4327-4404-5

Outskirts Press and the "OP" logo are trademarks belonging to Outskirts Press, Inc.

PRINTED IN THE UNITED STATES OF AMERICA

Indice

1. Las lenguas y la tecnología como herramientas vinculadas....1
2. El hardware básico de la tecnología digital.........................15
3. El hardware de la fotografía digital 39
4. Usos de software popular de alto calibre 49
5. El video digital básico 75
6. La adquisición de segmentos de video digital.....................91
7. Características de un producto final de video digital 107
8. El diseño de un curso virtual de español...........................117
9. Consiguiendo y adaptando imágenes digitales en línea.....135
10. Recursos prácticos en línea en español 153
11. El uso equitativo de la tecnología.....................................165
    Referencias 177
    Apéndice A: Glosario...181
    Apéndice B: Detección y solución de problemas 201
    Apéndice C: Algunos sitios virtuales visitados.............207

Poderosa dama es la Doña Tecnología.

Capítulo 1: Las lenguas y la tecnología como herramientas vinculadas

Comencemos con una pregunta. ¿Qué se supone que es importante para un graduado de la carrera que sea para llevarse consigo al mundo de trabajo? Una respuesta adecuada tocaría no sólo los conocimientos básicos de la materia de la carrera estudiada, sino también ciertas habilidades. En el mundo global actual muchos colegas estarán de acuerdo en que entre las habilidades propuestas figurarían el dominio de la tecnología moderna básica y un grado de dominio de una segunda lengua. Por un lado, es bien sabido que para todos los trabajos profesionales hoy en día hace falta tener un dominio básico del uso de la tecnología digital para fines prácticos para poder entrenarse para el mundo del trabajo y efectuar las tareas requeridas para esa vida profesional. Esto se reconoce por todo el país, ya que un curso básico de computación es parte del grupo de cursos que se requieren para todos los títulos académicos de pre-grado. Por otro lado, en una encuesta hecha tanto a profesores como a estudiantes egresados del sistema universitario de Texas A&M hace años, la mayoría de los participantes en la encuesta tanto estudiantes egresados como posibles empleadores futuros reconoció que sería ventajoso que más egresados salieran con un mayor dominio de las habilidades básicas de idiomas y en particular del inglés y de una segunda lengua. A nivel de disciplina, las facultades de humanidades, las de artes, e incluso a veces las de ciencias requieren uno o más cursos de un segundo idioma.

Si bien es cierto, tienen mucho en común estas dos destrezas. Ante todo las dos son herramientas bien prácticas. Un segundo idioma es la herramienta que usamos para funcionar y procesar información lingüística dentro de una segunda cultura. Y por cierto poder usar efectivamente una computadora personal con los dispositivos periféricos acompañantes y el software para procesar los datos digitales lingüísticos y culturales en cualquier idioma es otra herramienta valiosa.

En cuanto a segundas lenguas (no incluyendo el inglés) en los Estados Unidos, el español es la segunda lengua por excelencia por motivos geográficos, históricos y actuales. Existe una cultura hispana dentro de la cultura mayoritaria de los Estados Unidos donde figuran por lo menos treinta y cinco millones (35.000.000) de hablantes de distintos dialectos del español. Y lo que hace diferente a los grupos hispanos de los otros que han llegado y que vienen llegando es que los hispanos no han cedido su idioma. A este número se agregan más de seiscientos mil (600.000) estudiantes a nivel universitario que toman por lo menos un curso de español cada año. Esto hace que los Estados Unidos sea el quinto país (entre más de veinte) del mundo en cuanto a número de hablantes del español. En definitiva también hace que el español en los Estados Unidos sea una segunda lenga y no una "lengua extranjera".

Desde luego, para funcionar efectivamente dentro del vocablo lingüístico español hace falta ser capaz de entender lo hablado, de responder apropiadamente, y si se quiere, leer y escribir sin tener que parar a pensar en la pronunciación (la fonética y la fonología) en la selección y uso de verbos y otras palabras (el léxico y la semántica), en la forma del verbo (la morfología) y en el orden de las palabras en la frase (la sintáctica).

En cuanto al uso efectivo de la tecnología, el que usa una computadora personal, para hacerlo de una manera eficaz, por ejemplo, necesita ser capaz de emplear el teclado sin tener que buscar la tecla "r", la "e", la "g", la "i", o la "o" cada vez que quiere escribir la palabra "regio". Y luego necesita poder ejecutar maniobras cada vez más complicadas (como el formatear párrafos y manipular imágenes digitales o segmentos de video digital) para poder cumplir con las tareas adicionales deseadas de una manera efectiva.

En cuanto a idiomas, hace décadas que se habla de una diferencia entre el aprendizaje, una actividad que se considera más bien analítica y consciente, y la adquisición, una actividad que se considera más bien espontánea y subconsciente. Aunque sería un tanto difícil separar estos dos procesos completamente, la persona que comúnmente "aprende" una segunda lengua es el estudiante de español escolar o universitario sentado en el salón de clase típico donde estudia el vocabulario del español tocante a la clase, a la escuela (o universidad) y a la familia tanto como las conjugaciones de los verbos, el uso de los verbos "ser" y "estar" y el uso de la "a de persona", por decir. Y la persona que típicamente "adquiere" una segunda lengua es el niño que la aprende a través de los contactos en situaciones comunicativas, comunes y corrientes en el hogar, en una fiesta o jugando con los amiguitos durante el recreo escolar. En este caso el niño ni siquiera es capaz de entender tales conceptos metalingüísticos como ser "tercera persona" o "complemento indirecto pronominal" y mucho menos una explicación de las diferencias entre el uso de los aspectos verbales "pretérito" e "imperfecto".

Se puede imaginar perfectamente que el aprendizaje del uso de la tecnología digital también ocurre típicamente en una sala de clase o taller donde se aprende, por ejemplo, donde están las teclas y luego las técnicas básicas que se usan para crear informes electrónicos con un programa como Microsoft PowerPoint o Apple Keynote. Se aprenden las técnicas básicas en clases formales y luego se va usándolas para cumplir con nuestras tareas diarias. Muchos jóvenes, en cambio, los llamados "nativos digitales", han crecido adquiriendo el uso de las computadoras para varios propósitos como ser el mandar correo electrónico o el jugar juegos de computadora. Esta adquisición de nuevas destrezas en el área de la tecnología digital ocurre cuando uno viene empleándola para propósitos prácticos día a día. Así se va probando maniobras nuevas, se busca, se crea y lo que resulta, resulta y lo que no, se descontinúa.

Pero nadie ni aprende ni adquiere nuevas destrezas sin practicar. Y sin lugar a duda, tanto para la adquisición como para el aprendizaje, lo clave es la importancia de la práctica en situaciones interactivas, auténticas y significativas para poder subir la escala de destreza. Con las segundas lenguas la meta es practicar las palabras, las estructuras y las expresiones lo suficiente como para poder participar dentro del nuevo vocablo individual y activamente. Y con la tecnología la meta es practicar lo suficiente como para ser más efectivo al cumplir con las tareas prácticas digitales deseadas.

La necesidad de practicar dichas destrezas no difiere tanto que digamos de la adquisición de muchas otras habilidades comunes como ser el participar en deportes o el tocar un instrumento musical. El tenista, por ejemplo, necesita practicar para poder ser capaz de dar con la pelota consistentemente, para poder mantener los pies en posiciones óptimas, y para poder colocar las manos bien en la raqueta--todo sin tener que pensar en lo que se anda haciendo. De igual manera el trompetista practica para ser capaz de tocar las notas de una pieza sin tener que pensar donde poner los dedos para cada nota, sin tener que pensar en como usar los labios, y sin tener que marcar el tiempo de una manera consciente.

Conocemos a muy poca gente que no consigue adquirir la primera lengua. En cambio está bien comprobado que hay grandes diferencias individuales en cuanto al aprendizaje de una segunda lengua. Por ejemplo, se estima que para un cinco por ciento (5%) de los adultos es sumamente difícil aprender una segunda lengua aunque para otro cinco por ciento (5%) el proceso resulta bien fácil. Lo mismo pasará con el aprendizaje del uso de la tecnología. Todos conocemos a individuos que son como bala para usar la computadora para sus propios propósitos... que ni siquiera hay que enseñarles y rara vez necesitan leer la documentación. Pareciera que aprenden de una forma automática. También conocemos a otros que intentan aprender a usar la computadora y terminan convencidos de que no lo pueden lograr. Hasta hay otros que ni intentan nuevas destrezas digitales porque han gozado de tan poco éxito en el pasado.

Muchas investigaciones en el campo de segundas lenguas demuestran que hace falta motivarse para poder practicar lo necesario (Brown, 1980, por ejemplo). Aquí es donde reside la importancia de la adquisición y los variables afectivos tales como la actitud del individuo hacia la nueva cultura y hacia los seres miembros de ella, la actitud que tiene frente al aprendizaje mismo del nuevo idioma y la motivación individual para practicar. Abundan los estudios (Oller, 1981, por ejemplo) que constatan de que las personas que quisieran integrarse a una segunda cultura se motivan a aprender y son favorecidas en el aprendizaje de otras lenguas. De hecho, a través de las décadas se viene comprobando el hecho de que los factores afectivos son tan importantes, si no más importantes que los factores cognitivos en el aprendizaje de segundas lenguas. Y en general, los niños gozan de una tremenda ventaja sobre los adultos en esta esfera, ya que la motivación que experimentan para practicar es intensa y mayormente integrativa:

si no aprenden la segunda lengua no tienen amigos en la escuela donde se habla esa lengua ni se entienden con mamá, que habla un idioma diferente del que habla papá y los otros miembros en su vida diaria.

Mientras tanto, los aprendices que se matriculan en clases formales de lenguas por el mero hecho de que tales cursos son requisitos para ciertos títulos académicos quedan desfavorecidos porque para ellos la nota en la clase ha llegado a resultar más importante que el aprendizaje lingüístico mismo, más importante que el poder comunicarse efectivamente con otros en el nuevo idioma. Sin lugar a duda, esto ha conducido a que haya estudiantes poco serios como los que buscan al profesor menos exigente o los que elijen para estudiar el idioma supuestamente más fácil de aprender. En este sentido se podría decir que no hay peor aprendiz de lenguas que el que no quiere aprender.

La tremenda importancia de la motivación para practicar las destrezas también se ve en el campo de la tecnología con los que han tenido acceso a la tecnología desde temprana edad. En algunos casos llega a ser un tipo de adicción ya que son muchos los padres de familia que maldicen la tecnología cuando no consiguen bajar las horas de uso de juegos de computadora o de acceso al Internet de sus hijos.

Muchos profesionales con experiencia docente creen a pies juntillas que la manera más eficaz de aprender un segundo idioma es tomar una o dos clases formales básicas y luego pasar un tiempo dentro de un país donde se habla ese idioma. De igual manera, se podría proponer que la mejor manera de adquirir destrezas digitales es primero, tomar clases formales y luego meterse a trabajar intensamente usando lo aprendido para fines prácticos. Hoy en día con los costos elevados de viajar al exterior y con los temores existentes de peligros en las zonas fronterizas y extranjeras el tomar clases de lenguas cerca de casa muchas veces resulta ser una alternativa más económica y más segura y por eso más aceptable. Además, el costo cada vez más elevado de la gasolina y la comodidad del hogar hacen que uno prefiera quedarse cuanto más cerca de casa.

El dominio de una segunda lengua es beneficioso para muchas carreras, sean las de medicina, las de negocios, las de docencia, las de las ciencias sociales y muchas otras. De igual manera, por los tremendos logros en el ámbito de la tecnología digital, en los últimos años se viene usando la tecnología de una manera efectiva en todos los niveles y campos académicos para facilitarle al aprendiz la enseñanza y para motivarlo a practicar. Si bien es cierto, actualmente vivimos un momento envidiable con unos laboratorios y centros de multimedia equipados con el último grito de la tecnología, con salones de clase digitales, y con un acceso a computadoras personales hasta con una tecnología inalámbrica para bajar información digital de la Red en casa, en las bibliotecas y en los cafés en dispositivos portátiles. De manera que tanto la creatividad del equipo docente como la calidad de los materiales digitales y tradicionales han venido mejorando las probabilidades de que el aprendiz sea más motivado para seguir adiestrándose en el uso de estas dos herramientas claves: la tecnología digital y el segundo idioma.

Y aquí llegamos al propósito principal de este volumen: el de iluminar varias posibilidades en cuanto al uso del español académico para fines prácticos en el área de la tecnología digital. Y para llegar a este propósito se pretende cumplir con las siguientes metas:
- Trabajar con un vocabulario útil digital-tecnológico en español.
- Describir el uso del hardware más común.
- Dar una idea de los usos principales de ciertos programas de software considerados populares y utilitarios por muchos usuarios.

- Presentar una idea concreta del proceso de captar y procesar el video digital.
- Informar sobre algunos usos de la Red en español.
- Dar sugerencias para evitar, detectar y solucionar problemas en pos de un mejor uso de la tecnología.
- A través de preguntas, hacer que el lector piense en posibles aplicaciones adicionales de la tecnología existente.
- Tocar el tema del uso equitativo de la tecnología digital.

Temáticamente, <u>El Español Digital</u> se divide en cinco secciones. Después de este primer capítulo introductorio vienen los capítulos dos y tres, que presentan la terminología y los usos del hardware básico de las computadoras en general y de las máquinas fotográficas digitales en particular. El capítulo cuatro describe seis programas estándares de software. Los capítulos cinco a siete tratan el uso de hardware y de software en el proceso de crear y procesar el video digital. Los capítulos ocho a diez tratan algunos usos de la Red mientras que el capítulo once presenta el tema de la tecnología y su uso equitativo. Después de la sección de referencias bibliográficas vienen tres apéndices. El primero consiste en un glosario de términos tecnológicos comunes en español, el segundo da un resumen de algunos procedimientos que el autor cree efectivos para la detección y solución de problemas relacionados con el uso de la tecnología digital y el último recopila sitios de la Red visitados por el autor que podrían ser de interés al lector.

A continuación se dan las más resaltantes de algunas características básicas del presente volumen.

- Para aprovechar ampliamente la información que está incluida en este volumen se recomienda que los lectores hayan dominado un vocabulario y uso del español básico.

- Se busca emplear un vocabulario que no sea demasiado complicado.
- Como es el caso del vocabulario en general, muchas veces hay diferencias de dialecto o de uso en cuanto al vocabulario tecnológico en español. Por ejemplo, en inglés se dice "blog" mientras que en español el equivalente puede ser la misma palabra prestada del inglés: "blog". Pero también se encuentran los términos "blogia" y "bitácora". En este libro se pretende emplear el léxico generalmente más común en el español latinoamericano. A veces el término prestado del inglés pareciera ser el más usado en español también.
- En principio no hay problema alguno para formar el plural de muchas palabras prestadas del inglés. Por ejemplo, hay palabras como "shorts" y "yogurt" que al entrar en español se realizan como "chor" - "chores" y "yogur" - "yogures". En estos casos se sigue la regla de formación plural del sustantivo de español. Ahora bien, existe un problema con las formas plurales de ciertas palabras prestadas del inglés que no siguen las reglas fonológicas del español. Por tradición no hay palabras en español que terminan en consonantes oclusivas como [t], [k] y [g] ni en combinaciones consonánticas como [st]. Ciertos términos tecnológicos prestados del inglés como "blog", "clic" y "podcast" presentan este problema por su forma plural. Las posibles formas plurales en español son respectivamente: "los blog", "los blogs", "los blogues"; "los clic", "los clics", "los cliques"; y "los podcast", "los podcasts", "los podcastes". El primer ejemplo de cada grupo marca la forma plural sólo con el artículo, el segundo ejemplo la marca con el artículo y con la terminación típica del inglés, y el tercer ejemplo

la marca con el artículo y con la terminación típica del español de las palabras que terminan en consonantes. Ya que existe una variación geográfica y sociolingüística en el mundo hispano para formar los plurales, para estos casos hay que optar por una solución para los propósitos de este libro. Aquí se opta por la primera posibilidad porque es la que aparece más empleada en la Red: el uso del artículo para marcar la forma plural de tales términos: "los blog", "los clic y los podcast" respectivamente.

- Se usan los términos y abreviaciones existentes, tal como DVE (las siglas en inglés para "Digital-Video Editing") para no inventar nuevos términos ni abreviaciones. Claro está, muchas veces se van a emplear perífrasis verbales como ser "trabajar con o procesar el video digital".
- Gozando de una aplicación universal, la información que se da en este volumen se presta tanto para la plataforma Macintosh como para las de las distintas versiones de Windows.
- No se espera que la información dada en este libro reemplace clases, talleres o grupos de trabajo destinados a instruir en el uso de, digamos ciertos programas de software.
- Finalmente, este volumen no consta de direcciones específicas, sino pretende informar acerca de los términos y procesos digitales en español. Es el resultado de la experiencia del autor como director de laboratorio de multimedia para segundas lenguas durante unos quince años y de profesor de clases virtuales de español por siete años. Y, aunque los procedimientos mencionados han sido fructíferos en muchas circunstancias, puede

que no resulten tan exitosos para quienes los buscan emplear en sus propias circunstancias. Se entiende que el autor no es responsable por daños de ningún tipo que resulten del contenido de este libro.

A continuación se dan algunas preguntas que le ayudarán al lector a enfocarse en los temas que se tratan en este libro.

Preguntas

<u>Direcciones:</u> contesten las preguntas pensando en las experiencias que usted como lector ha tenido, en sus intereses y en sus expectativas para <u>El Español Digital</u>.

1. ¿Cómo aprendió usted a hablar español (o inglés) como segunda lengua? ¿Más le parece que ha sido un proceso de estudio, de análisis y de memoria consciente (de aprendizaje), o más bien algo inconsciente como a través de haber pasado un tiempo en un país de habla hispana, hablando con amigos hispanos, o usando el español para fines prácticos a diario (de adquisición)? O, ¿sería una combinación de los dos procesos? Explique su respuesta.
2. Ya son adultos muchos de los que han crecido usando la tecnología para entretenerse , para comunicarse con otros, para informarse, para educarse y para llegar a tener productos en forma de texto, de video y de páginas en la Red. ¿Cómo es que ha llegado usted a su presente estado de destreza en el uso de la tecnología? O sea, al aprender a usar la tecnología que usted actualmente emplea, ¿ha sido más bien un proceso de aprendizaje, un proceso de adquisición, o una combinación de los dos procesos?
3. ¿Cuántos años se ha demorado usted en llegar a su presente nivel de dominio del español (u otra segunda lengua)? Y para llegar a su presente nivel de destreza con la tecnología, ¿Cuánto tiempo le ha tomado? ¿Siente que puede seguir mejorándose en el uso de las dos destrezas?
4. ¿Cuál ha sido el papel de la tecnología en el proceso de adquirir su presente nivel de destreza en el uso del español (o del inglés)? Mencione algunos ejemplos de la tecnología que usó. ¿Cuál es la tecnología más antigua que ha empleado usted? Usted cree

que la tecnología realmente puede ayudarle a uno a dominar una segunda lengua? Explique su respuesta.
5. Pensando en su(s) clase(s) de sicología, ¿Cuáles son algunos variables cognitivos necesarios para el aprendizaje humano en general? ¿Cómo se relacionarían estos variables con el aprendizaje de la tecnología?
6. Se sabe que son muy importantes los variables afectivos para poder usar un segundo idioma de una manera efectiva y comunicativa. ¿Cree usted que son igualmente importantes la motivación y la actitud de que uno dispone para poder llegar a usar efectivamente la tecnología? Explique su respuesta.
7. Se ha comprobado que un cinco por ciento (5%) de los adultos tienen serios problemas en aprender un segundo idioma. ¿Cree usted que lo mismo pasa con el uso de la tecnología? ¿Conoce usted a alguien que tiene problemas aprendiendo a usar la tecnología? Explique.
8. ¿Cuáles de los capítulos de este libro le van a servir más a usted? ¿Por qué?
9. Para algunos lectores este libro les ayudará a aprender los términos tecnológicos en español. Para otros ofrecerá temas para conversar. Y para algunos servirá fines más prácticos. ¿Con qué fin(es) piensa usted usar este libro?

¡Qué hermosa que es la tecnología nueva!

Capítulo 2: | # El hardware básico de la tecnología digital

En la introducción de este segundo capítulo aparecen conceptos relacionados al uso de las computadoras, conceptos tales como su "multi-uso", su actualización y su caída en desuso. El capítulo sigue con una presentación del vocabulario de los componentes de una computadora, tanto internos como externos y termina con una discusión de varios dispositivos periféricos que complementan el uso de la computadora personal. Para los lectores que precisan aprender el vocabulario tecnológico en español, este capítulo servirá de introducción a dicho vocabulario al apuntar el nombre de las piezas y al explicar los conceptos claves y los procedimientos como se emplean en español.

Introducción

A dondequiera que vayamos, usamos computadoras personales: en casa, en el trabajo, en la biblioteca, en el café y en la universidad. Y por eso todos tendremos como mínimo una idea general de lo que son y como funcionan las computadoras personales ya que a esta altura somos pocos los que no hemos comprado una computadora para el uso personal y menos los que actualmente no gozamos del acceso a una computadora en el lugar de trabajo o en el lugar de estudios. Lo más probable es que la computadora que venimos usando a diario no sea nuestra primera (ni segunda) computadora y que tengamos acceso no a una, sino a dos, a tres o a más computadoras en un solo día.

La necesidad de crear productos digitales cada vez más efectivos y sorprendentes cuanto más llamativos ha conducido a adelantos tecnológicos que realmente son de maravilla. El resultado ha sido unas generaciones de computadoras ("ordenadores" como dicen en España) personales cada vez más rápidas, poderosas y versátiles. Y hace tiempo, décadas incluso, que el mundo de negocios, y en particular el que se presta para el entretenimiento de todos, ha marcado el paso para el uso de la tecnología digital en otras esferas. De hecho, en el mundo académico gozamos del uso de computadoras con procesadoras poderosas capaces de cumplir con las tareas digitales que hace poco sólo tenían las compañías comerciales que procesaban el audio y el video digital. Aprovechándonos de estos sistemas computarizados a precios cada vez más económicos, trabajamos en instituciones académicas, en centros de multimedia y en salones de clase digitales con un acceso inmediato a la Red.

Si bien es cierto, se puede conseguir una computadora personal por menos de quinientos dólares ($500), o sea, el equivalente del costo de un dispositivo flexible externo (en inglés, "floppy disk drive") de hace veinte años. Por otra parte, con fondos económicos más extensos, fácilmente se podría gastar desde unos siete mil ($7.000) a más de veinte mil ($20.000) dólares por un sueño de sistema personal, y después de un par de años reemplazarlo todo al salir la nueva generación de unidad central de proceso (CPU, siglas que vienen del inglés). Pero muchos no tenemos la necesidad de poseer cada computadora nueva que sale para nuestro uso personal. Más bien nos contentamos con un sistema que sí es lo suficiente rápido como para surfear la Red y para hacer trabajos empleando software utilitario como el que nos ofrece la famosa compañía Microsoft. Aunque es fácil encontrar una computadora lo suficientemente rápida para usar efectivamente el software existente, cuesta mantenerse al día con la tecnología sin meterse en muchos gastos innecesarios.

Hace ya más de dos décadas que las computadoras funcionaban perfectamente bien sin discos duros. Se usaban disquetes flexibles de cinco pulgadas y cuarto (5.25") y después disquetes de tres pulgadas y media (3.5") para cargar el sistema operativo, para cargar los programas tales como una procesadora de palabras y programas para calcular cifras. Y si esto fuera poco, disquetes adicionales hacían falta para almacenar los afiches generados. De manera que en poco tiempo uno se encontraba con un sinfín de disquetes flexibles. Con los avances tecnológicos que vienen cada vez más rápido y con programas de software cada vez más exigentes, ya no sirve ni el equipo de hardware ni el software de antes. Como ejemplo, hoy es inconcebible emplear una computadora que no tenga disco duro alguno.

Si lo malo a este respecto es que hay que estar constantemente gastando dinero en actualizar los sistemas que usamos, entonces lo bueno es que siguen bajando los precios de la nueva tecnología. Hoy las computadoras populares cuestan mucho menos que las que se vendían en los años ochenta y noventa. Sin ir más lejos, cuando por primera vez salieron para la venta los dispositivos tipo CD capaces de escribir a esta media, costaban unos cincuenta y dos mil dólares ($52.000) por unidad. Después de poco tiempo fue posible conseguir unidades en unos dos mil dólares y actualmente se consigue una computadora personal entera (si no dos) con una buena pantalla, teclado, disco duro grande y media CD y DVD capaz de no sólo leer, sino también escribir por mil dólares.

Al fin y al cabo, una cosa es cierta: a pesar de que hay quienes no la usan, la computadora personal es una necesidad para la vasta mayoría de personas hoy en día. Algunos la vamos a usar para fines prácticos en casa o en el trabajo. Otros la vamos a usar para satisfacer ciertos fines académicos, fines de entrenamiento o fines lucrativos. Sea cual sea el motivo principal de poseer una computadora, poco a poco vamos usándola para cada vez más propósitos, y lo que es más, para las distintas tareas que queremos cumplir al mismo tiempo. Por ejemplo, al estar escribiendo un documento en Microsoft Word, de repente uno quisiera escuchar una canción en iTunes, ver un partido de fútbol con un sistema Tivo o EyeTV conectado a la computadora, cargar canciones al iPod, revisar el correo electrónico o comprar un boleto de avión a través del Internet. Uno ya puede cumplir estas tareas simultáneamente en una sola computadora que se vende a precio económico. Si surge un interés en hacer trabajos más complicados como el montar un producto de video digital o el crear programas de multimedia, uno comienza a desear una computadora más apropiada, más potente, para procesar los datos digitales más grandes de manera segura y más rápida y efectiva.

Cabe hablar de un concepto más antes de pasar a una presentación de los componentes tipo hardware de la tecnología digital. Y este concepto es la caída en desuso de cierta tecnología. Aquí lo importante es que al mantenerse más o menos al día con la tecnología, hay ciertos productos que son menos compatibles que otros. Claro está, hay ciertas tecnologías como ser la de la tecnología Betamax, la de los tocadiscos, la de los discos de media flexible o la de los DVD HD de Toshiba que han caído en desuso. El producto Betamax, aunque de mejor calidad visual que el formato VHS, pasó a pérdida frente al VHS porque este formato resultó ser más barato y probablemente por eso, mucho más popular. Otros ejemplos son: los tocadiscos fueron reemplazados por las caseteras de audio, que a la vez fueron reemplazadas por la tecnología CD-ROM. Y la tecnología DVD (HD) de Toshiba recientemente ha perdido frente a la Blu-Ray de Sony. En algunos casos se recobra una tecnología frente a otra, como ser la de las computadoras Macintosh que durante la década de los noventa bajaron en cuanto a su popularidad frente a las de Windows, mientras que ahora la computadoras Macintosh han subido a casi un diez por ciento (10%) del mercado. En otros casos se desarrollan adelantos que nos dejan usar tecnologías que habían caído en desuso, como ser los tocadiscos y las caseteras de audio que han vuelto a aparecer con la llegada de modelos con el interfaz USB y su software acompañante para grabar las canciones tocadas a través de la computadora.

¿Quién sabe que tecnología caerá en desuso próximamente? Hay quienes dicen que hasta los CD musicales están en peligro ante el éxito redondo de sitios en la Red como iTunes, donde uno puede elegir las canciones individuales que quisiera sin tener que comprar más de diez canciones menos apetecibles por CD.

Tarde o temprano todos tendremos un sistema de computadora que o ha caído en desuso o que está a punto de botarse porque ya no sirve para los propósitos que pretendemos emplear. Hay varios procedimientos que uno podría emprender para empezar a actualizar el hardware que ya tiene sus años de uso. Entre algunos procedimientos posibles para robustecer la tecnología existente figuran los siguientes:

- Comprar y agregarles a la computadora (y a algunas impresoras) más RAM para procesar (e imprimir) los datos digitales más rápidamente.
- Comprar e instalar tablas con una tecnología más nueva (por decir una tabla con el interfaz Firewire 800, eSATA o USB II, que son interfaces más rápidos que el interfaz USB original).
- Reemplazar un disco duro malogrado o de poca memoria para almacenar datos digitales con uno más nuevo y de

una capacidad de almacenamiento mayor.
- Actualizar el sistema operativo de la computadora (y por eso también el software utilitario como ser el software para tener acceso a la Red).
- Comprar una computadora nueva, conservando las pantallas, discos duros y otros dispositivos externos.

La gran ventaja de actualizar poco a poco la tecnología que está en uso es que se posterga la compra de un sistema nuevo completo con su media y software acompañante. Y es bien sabido que sólo el software puede ser caro. Ya que los precios siguen bajando y la tecnología sigue llegando cada vez más eficaz, uno podría postergar la compra de un sistema nuevo y mejor para el futuro.

Otra posibilidad es usar la computadora que tiene sus años para ciertos propósitos específicos como ser crear y sacar a imprenta los documentos o tocar las canciones de iTunes. Así se podría dedicar el uso de una tecnología más nueva a proyectos que requieren más fuerza procesadora.

Los componentes de una computadora

Desde hace tiempo a esta parte las computadoras se han manifestado de varias formas distintas: la torre, la mini, la unidad completa, y la computadora portátil, la laptop. Claro está, también cabe lugar mencionar los dispositivos portátiles que caben en la mano, el teléfono celular y el iPod, que cada vez más reemplazan la computadora personal para ciertas tareas digitales. La computadora tipo torre viene con la pantalla, con teclado y con ratón por separado. Aunque siempre se puede agregarles a las computadoras un hardware periférico adicional, la torre es el tipo de computadora que más se puede expandir. Por ejemplo, actualmente la torre MacPro puede expandirse para acomodar hasta ocho (8) pantallas de treinta (30) pulgadas cada una y 32GB de RAM. El concepto de la mini es sencilla: se guardan los componentes que uno tiene (pantalla, discos duros, etc.) y se compra una computadora económica nueva. En el caso de la unidad completa que comenzó con la computadora Macintosh que data de la década de los ochenta, este tipo de computadora viene con la pantalla incorporada y el teclado y ratón aparte. Este tipo de computadora tiene mucho menos posibilidades de expansión interna. Por ejemplo, se le puede agregar más RAM, pero no hay hueco adentro para colocar componentes internos tales como discos duros adicionales. Tampoco hay espacio para colocar más tablas especiales internas para hardware adicional. Sin embargo, esto normalmente no es un problema serio ya que con los interfaces USB y Firewire hay muchísimas posibilidades para agregar hardware periférico adicional externo. La computadora tipo laptop viene con la pantalla y el teclado incorporado, y se le puede agregar un ratón si se quiere, pero esto no hace falta ya que viene con el ratón incorporado en forma de pelotita o tablita. Normalmente viene con una salida para una segunda pantalla, y al igual que pasa con los otros tipos de computadora personal, puede tener salidas para hardware periférico tipo USB, Firewire y eSATA.

El hardware interno

Toda computadora personal viene con una multitud de dispositivos internos que en conjunto forman su esencia. Claro está, en su mayor parte no se ven las entrañas de la computadora a menos que ésta se abra para echarle un vistazo, y la torre por lejos es la más fácil de abrir. A continuación se dan los nombres y las definiciones en español de los componentes internos principales de las computadoras personales, componentes que son cada vez más diminutos, pero al mismo tiempo más poderosos.

La fuente de poder. Todo componente electrónico necesita su fuente de luz, o sea, de electricidad, y las computadoras no figuran entre las excepciones. La fuente de poder, encerrada en una caja generalmente metálica, es el dispositivo que recibe la electricidad de la pared. Toma esa fuerza y produce el voltaje necesario que hace funcionar la computadora.

La placa (o tarjeta) madre. Esta placa, que viene con conectores y otras tarjetas y huecos (o ranuras) es precisamente donde tienen lugar las siguientes funciones:

- Se encuentra la unidad central de proceso (véase CPU abajo).
- Se conectan dispositivos internos como ser discos duros y discos ópticos como los de dispositivos para leer y escribir a CD y a DVD.
- Se conectan tarjetas como las de video que sirven para conectar la(s) pantalla(s) y la tarjeta de Ethernet (interfaz rápido de acceso al Internet) en sus ranuras.
- Se guardan los bancos de memoria RAM (véase abajo).
- Se usa una serie de interfaces (también se dice "puertos") para agregar hardware externo (véase abajo).
- Están los controles que gobiernan varios componentes de la computadora (por decir el reloj, el teclado y el ratón).

RAM. Quizás el componente de hardware interno más conocido es la memoria electrónica que se llama RAM. A diferencia de la memoria magnética (véase abajo), la memoria RAM se instala por bancos o filas. El propósito de este tipo de memoria es el de hacer funcionar el software que viene instalado en la computadora. En este sentido, la memoria RAM permite abrir ventanas que se ven en la pantalla, hace funcionar los menúes, y le ayuda a la CPU a hacer cálculos. Mientras más programas estén en uso a la vez, más RAM se necesita para llevar a cabo los procesos digitales. Además, algunos programas que sirven para manipular los gráficos de mucha resolución y otros que son para procesar el video digital requieren bastante más memoria electrónica que los programas que son para trabajar con afiches más chicos, como ser los de texto. Antiguamente se ufanaba uno de tener 1MB de RAM. Luego hacía falta tener instalados unos ocho (8) a dieciséis (16) MB de RAM para la mayoría de las funciones de una computadora personal. Actualmente, con las demandas de todo tipo de software es inconcebible tener menos de unos 512MB de RAM. Aunque muy pocos de los usuarios van a tener los miles de dólares para ostentar los 32GB de RAM que llenarían los bancos en algunas torres nuevas, con el precio de RAM en bajada, se recomienda tener como mínimo 1GB si no 2GB de RAM para poder usar la computadora para más que escribir texto y/o entrar a la Red. Eso sí, hay que comprar un tipo de RAM que sea compatible con cada computadora y no mezclar diferentes tipos de RAM.

La unidad central de proceso. Tal como implica el término, la unidad central de proceso, o CPU (las siglas vienen del inglés), es la pieza que tiene la fuerza procesadora de la computadora.

El disco duro. El disco duro interno representa el sistema de almacenaje magnético principal de las computadoras personales. Al igual que la memoria que se encuentra en los dispositivos tipo CD y DVD, la memoria de los discos duros es magnética. Los distintos modelos de computadoras vienen con uno o más discos duros internos en los cuales se colocan: uno o más sistemas operativos que arrancan la computadora; programas de software de varios tipos; y datos almacenados en forma de texto, audio, gráficos y video. Actualmente, los discos duros internos gozan de mucha capacidad de almacenaje. Hasta las computadoras portátiles más chicas vienen con discos duros instalados de unos cien 100GB o más de almacenaje. Se suele incorporar discos duros (internos y/o externos) adicionales para cumplir con los propósitos exigentes de realizar gráficos grandes y de manipular el video digital. Aunque muchos usuarios normalmente colocan el sistema operativo de la computadora en un solo disco duro, la ventaja de tenerlo en dos o más discos duros permite arrancar la computadora del segundo disco duro sin grandes problemas en caso de que se malogre el disco duro principal. Más adelante en este capítulo hay una comparación de las ventajas y desventajas de tener más de un disco duro instalado en la computadora.

Tablas (o tarjetas) especiales. Finalmente, existe internamente uno o más interfaces para agregar los conectores que sirven para montar hardware interno y hardware periférico como ser un teclado y muchos otros dispositivos (véase abajo). Ciertas tablas son capaces de tener múltiples propósitos. Por ejemplo una tabla que da acceso a una pantalla grande adicional puede servir para ayudar a la CPU a procesar datos como el rendir gráficos y el hacer efectos especiales para el video digital. Los interfaces más populares hoy en día son los USB II y los Firewire 800 y eSATA. El interfaz USB tiende a ser más económico y por eso más popular.

Componentes externos: El hardware periférico

El hardware periférico puede tener alambres para conectarse con la computadora o puede ser de una conexión inalámbrica al emplear impresoras y teclados sin la necesidad de alambres colgantes. Entre los componentes externos más comunes figuran: el teclado, el ratón, un iPod, almacenaje adicional de varios tipos, audífonos, parlantes externos, un micrófono, un escáner, una impresora, una grabadora VCR, dispositivos para CD y DVD, y sistemas de televisión (tales como TiVo, EyeTV y Apple TV). El hardware periférico viene con su propio software que sirve para hacerlo compatible con el sistema operativo de la computadora. Aún así, el sistema operativo suele incorporar el software necesario para el hardware periférico más común. A pesar de este hecho, en algunos casos hay que comprar una tarjeta especial que sea compatible tanto con la computadora como con el hardware que viene agregándose. A continuación se presentan algunos ejemplos del hardware periférico adicional popular entre los usuarios de las computadoras personales.

Una o más pantallas. La pantalla, por cierto, es uno de los componentes externos necesarios para la computadora ya que es donde se ve todo: el texto, los gráficos, el video y las ventanas del software que se usa. Ya no tanto, pero en el pasado se confundía este término con la computadora misma. Como queda dicho, algunos modelos como la iMac y la laptop ya vienen con una pantalla incorporada. En todo caso, muchos usuarios prefieren tener una segunda pantalla. Una alternativa a una segunda pantalla para usarse con ciertas computadoras es la de tener una pantalla más grande. Si la computadora no viene con una tabla compatible para recibir una segunda pantalla o una pantalla más grande, entonces se puede comprar e instalar una tabla (con ciertos modelos). Cada pantalla viene con su tarjeta indicada y por eso su interfaz particular. En sí, la tarjeta de video fija tres cosas: fija los tipos de pantalla que se aceptan; fija el tamaño máximo permitido de las pantallas; y fija el número máximo de pantallas que se pueden agregar. Sólo hay que acordarse de que algunas computadoras no tienen cupo para colocar una segunda tabla de video con su equipo necesario. A continuación se dan algunas ventajas de tener acceso a una segunda pantalla:

- Especialmente al procesar el video digital, mientras en una de las pantallas se colocan las herramientas digitales con sus menúes, en la otra se pone el producto que suele ser una o más ventanas para ver los segmentos de video.
- Al hacer presentaciones electrónicas con programas de software tales como Microsoft PowerPoint o Apple Keynote, las herramientas se colocan en una pantalla y la presentación electrónica se proyecta en la otra.
- Al procesar imágenes digitales en programas como

Adobe PhotoShop, en una pantalla se puede colocar una o más versiones del producto que se va realizando y en la segunda pantalla todas las herramientas digitales.
- Al trabajar con una procesadora de palabras como Microsoft Word, se puede ver el texto de tamaño normal de más de una hoja al mismo tiempo.
- Cuando uno emplea dos o más programas de software al mismo tiempo, éstos se pueden mantener físicamente aparte. Por ejemplo, se puede trabajar con una procesadora de palabras en una pantalla mientras se busca información en la Red, seleccionando canciones que escuchar con iTunes en la otra. O, se puede estar trabajando con Microsoft Excel en una a medida que se trabaja con Microsoft Word en la otra.

Almacenaje magnética adicional. Una de las grandes ventajas de las computadoras personales es que se les puede agregar "subsistemas" de almacenaje para guardar datos digitales adicionales. Es realmente ventajoso tener acceso a un almacenaje adicional, ya que nunca está de más salvaguardar los datos importantes en sitios seguros en caso de virus u otros problemas que traban la computadora. Entre los quehaceres que se pueden realizar con almacenaje adicional incluyen:
- Reproducir y archivar copias del software imprescindible en caso de extraviarse o echarse a perder las copias originales.
- Hacer y guardar copias de documentos importantes.
- Guardar canciones compradas de la tienda de iTunes o de media CD comprada.
- Salvaguardar aparte miles de fotos de alta resolución.
- Guardar segmentos de video y hasta productos enteros de video digital.

Este almacenaje magnético puede ser interno o externo,

permanente o no, y viene de varias formas, tamaños, y velocidades. A continuación se presentan las características básicas de algunos sistemas de almacenaje magnética digital.

Tipos de discos duros. Existen varios tipos de discos duros y por eso hay que averiguar su compatibilidad antes de la compra. Antiguamente las que más se usaban eran los que se denominaban IDE (las más económicas) y los SCSI (las más seguras y rápidas). Por ser más baratos los Serial ATA (eSATA, SATAI, SATA II), éstos pronto reemplazaron a los de tipo SCSI. Los discos duros USB I y los Firewire 400 han sido reemplazados por los USB II y Firewire 800 respectivamente. Lo que es más, muchos de los discos duros vienen con múltiples entradas (interfaces o puertos). Por ejemplo, es fácil encontrar uno que tenga entrada para USB, Firewire y eSATA a la vez. Eso sí, suelen costar más los discos duros externos que los internos, los con interfaces múltiples que los con uno solo.

Los discos duros también vienen con varias capacidades de almacenaje. No hace tantos años, un disco duro de 20MB era muy grande y muchos usuarios no se imaginaban la necesidad de poseer discos duros con capacidades mucho mayores. Hoy son pocas las computadoras que no vienen con discos duros de por lo menos 100GB, o sea un almacenaje cincuenta veces mayor que un disco duro de 20MB. Las velocidades más comunes de transferencia de datos son las de 5.200, 7.500 y 10.000 revoluciones por minuto (RPM en inglés y español).

Por supuesto se puede variar el número de discos duros. Algunas computadoras tipo torre, por ejemplo, vienen con la opción de colocar hasta unos cuatro discos duros internos. Así que no siempre hace falta agregar discos duros externos adicionales. Lo más común es tener un disco duro interno que se usa para todo: guarda el sistema y procesa y almacena todos los datos digitales. Por un lado este arreglo tiene ciertas ventajas, como las que se dan aquí:

- Es la solución más económica.
- Es un hardware más sencillo.
- Para muchos usuarios no hace falta almacenaje magnética adicional.

Por otro lado, también hay que pensar en posibles desventajas de tener solamente un disco duro para todos los propósitos. Aquí van algunas:

- Sin almacenaje extra, si atacan los virus, se pierden muchos datos.
- Según el tamaño del disco duro, puede haber almacenaje limitado.
- Trabajando con DV, el video tiende a corromper el software instalado en el disco duro, resultando en la pérdida de muchos datos y de tiempo en volver a formatear el disco duro.
- Al dañarse de forma permanente el disco duro, ya no funciona la computadora a menos que se meta en gastos en otro.

O se puede hacer lo que hace el autor: usar un disco duro para los afiches de audio, otro para el video, y un tercero para fotos e imágenes digitales. Y para los afiches absolutamente imprescindibles, los asegura una segunda vez en media CD, DVD o flash.

Hay ciertas ventajas que puede tener la instalación de más de un disco duro. La Figura 1, que se da abajo presenta una idea de las

Combinación de discos duros	Ventajas
Un disco duro interno y un disco duro externo (o dos discos duros internos).	• Se usa el disco duro secundario para almacenar películas y otros afiches grandes, limitando el peligro de daños al software del disco duro principal • Se puede salvaguardar una copia de los programas y datos más importantes, como ser el sistema operativo, en el segundo disco
Dos o más discos duros internos y/o dos o más discos duros externos adicionales.	• Hay aún más seguridad de programas y datos digitales • Hay múltiples posibilidades para salvaguardar los datos y programas en caso de problemas de corrupción o de virus en el disco duro principal • Se puede almacenar películas cada vez más largas y de mayor resolución

Figura 1: Algunas ventajas de montar discos duros adicionales

ventajas de incrementar el número de discos duros internos o externos agregados a la computadora. La desventaja mayor es el costo adicional y en el caso de múltiples discos duros adicionales, aún mayores costos.

Discos de media intercambiable. Existen varios tipos de dispositivos tanto internos como externos que tienen media que se mete y se saca. Algunos, como el disco flexible (floppy), eran más populares en el pasado mientras que los formatos CD y DVD son más populares hoy en día. La Figura 2 compara algunos formatos en cuanto a sus capacidades de almacenaje mientras que la Figura 3 da las características de la media tipo CD y DVD.

Tipo de media	Capacidad de almacenaje
La media flexible	.6MB o 1.2MB (densidad doble)
El disco M-O (magneto-óptico)	100MB a 640MB
CD	720MB
DVD	6.4GB a 10.4GB o más

Figura 2: Tipos de media intercambiable

Además, hay que fijarse en el tipo de media CD y DVD que se emplea. Actualmente las computadoras tienen dispositivos que leen y

Media	Funciones	Velocidades
CD-ROM	Lee CD de música, Lee hasta 700MB de datos	Hasta 72X
CD-RW	Graba hasta 800 MB de música y datos	2X (una hora) hasta 48X (unos 3 minutos)
DVD-ROM	Lee CD-ROM y DVD-ROM (hasta 6.4GB) Incluye películas	
DVD-RW	Graba música, datos, y video digital	2X a 4X

Figura 3: Características de la media CD y DVD

escriben tanto a la media CD+ y DVD+ como a la CD-, la DVD, la CD+- y la DVD+-. Sin embargo no hace tanto tiempo que algunos modelos de computadora leían o escribían a la media CD+ y otros modelos a la CD-. Por ejemplo las distintas versiones de PowerMac sólo escribían a la media CD- y DVD-.

Almacenaje flash. Bien portátil y cada vez más barato y popular otra forma de la memoria magnética (hasta unos 32GB estos días), el almacenaje flash (llamado "pastilla" en ciertos círculos y "thumb drive" en inglés) es otro tipo de memoria magnética que sirve de almacenaje digital para las computadoras, las cámaras digitales y las grabadoras de video digital. De modo que viene remplazando a muchos de los discos de media intercambiable, hasta los discos duros adicionales.

Las impresoras. También de muchísima importancia y muchas veces necesaria para la gran mayoría de los usuarios de computadoras es una impresora. A menos que sea inalámbrica, toda impresora necesita tanto su conector (según el interfaz de la computadora) como su software controlador para poder trabajar con la computadora. El software controlador para muchas impresoras puede venir incluido en el software del sistema operativo de la computadora. Además, este software viene en CD junto con la impresora y en caso de emergencia normalmente se puede bajar del Internet si se pierde o se daña el software original. El interfaz más común para las impresoras ha llegando a ser el USB II.

Sea cual sea la impresora, normalmente se puede ahorrar tinta o tinta en polvo (en inglés, "toner", y en español también, "tóner") al bajar la calidad de imprenta de alta a mediana a baja. Al bajar la calidad de imprenta la velocidad de imprenta aumenta en páginas impresas por minuto (en inglés y en español, ppm). A través de los años hemos visto un desfile de tipos de impresoras comúnmente en uso. Algunas impresoras como la impresora termal y la impresora matriz de puntos (en inglés, "dot matrix") han caído en desuso. Esa usaba un sistema para calentar un papel tratado con una sustancia especial mientras que ésta tenía una serie de fierros o agujas (mientras más agujas, mayor la calidad de imprenta) que daban con una cinta con tinta (al igual que las máquinas de escribir) para imprimir en el papel.

La impresora chorro de tinta es la que más se emplea actualmente. Es la que echa tinta en el papel para imprimir. Por barata, hasta se puede conseguir una por veinte ($20) o treinta ($30) dólares o gratis incluso con la compra de otro hardware, como ser una computadora. Esta impresora tiene cabecillas que echan la tinta que sale de cartuchos desechables. Hasta hay modelos que tienen las cabecillas en los cartuchos de tinta y no en la impresora misma. Pareciera ser que estos últimos modelos son los más prácticos, ya que en lugar de tener que reparar o cambiar una impresora con cabecillas malogradas, sólo cabe cambiar los cartuchos de tinta, ya que las cabecillas de imprenta en estos casos se cambian cada vez que se cambian los cartuchos de tinta. Sin embargo, la gran desventaja de las impresoras que funcionan a chorro de tinta es que los cartuchos tanto de tinta negra como los cartuchos de tinta de colores cuestan bastante y duran poco, especialmente al usarse la impresora para sacar a imprenta las fotografías digitales de alta resolución. Rápidamente se paga más en cartuchos de tinta que en el gasto inicial de la impresora. Unas maneras de bajar el precio de los cartuchos incluyen: el rellenar los cartuchos gastados de tinta y el comprarlos a precios rebajados en una tienda especial o a través del Internet.

La impresora láser usa tinta en polvo. De hecho, la calienta para imprimir. Los cartuchos de tinta en polvo son más grandes, cuestan más y duran más que los cartuchos de tinta de las impresoras chorro de tinta. La impresora láser funciona bien en las redes locales donde un grupo de computadoras emplea una o más impresoras que almacenan los datos en memoria RAM para luego sacar a imprenta los documentos. La gran ventaja que tienen las impresoras láser es que tienen una excelente calidad de imprenta y son bien buenas para sacar a imprenta las imágenes digitales. La desventaja obvia es el costo elevado, especialmente en el caso de los modelos láser a colores. Sin embargo, actualmente se puede encontrar modelos láser más económicos.

El rastreador óptico. También conocido como "escáner" (con el verbo: "escanear"), viene solo o con sistema fax y fotocopiadora. Muchos usuarios están de acuerdo en que un escáner es una buena adquisición para aumentar los usos de la computadora. Como es el caso de otro hardware, los escáneres requieren un software controlador especial para poder usarse con la computadora. Estos dispositivos vienen con un software que permite rastrear gráficos y documentos en forma de una sola imagen.

Quizás el motivo principal de la adquisición de este dispositivo es: mucha gente prefiere rastrear documentos para luego modificarlos. Para efectuar esto hace falta otro programa de software adicional que se llama ROC: el reconocimiento óptico de caracteres (en inglés, OCR, que viene de "optical character recognition"). El propósito de este software es el de evitar tener que escribir de nuevo un documento. Después de escanear un documento en uno de varios idiomas, se reconoce y se guarda en un formato preferido como ser .doc o .pdf y después se puede usar en, por decir Microsoft Word o Adobe Acrobat. Claro está, normalmente hay que echarle un último vistazo al documento para hacer correcciones manualmente, ya que suele haber problemas de interpretación de formato y de ortografía. Entonces es común tener una reproducción escaneada que se ve diferente del original y que tiene errores ortográficos. Para alcanzar mejores resultados, conviene escanear documentos de imprenta clara sin muchos grabados ni figuras. Las dos marcas de software OCR más usadas son la OmniPage Pro y la Readiris Pro, que sirven tanto para las computadoras Windows como para las computadoras Macintosh. Véase Sullivan (1996) para técnicas en el uso de este dispositivo.

Otros ejemplos de hardware periférico común. Una vez que se tenga a mano la computadora deseada con la(s) pantalla(s), impresora, y rastreador óptico, se puede pensar en la adquisición de otro hardware periférico que satisfaga en gran parte los gustos, las necesidades y los presupuestos individuales. Entre los dispositivos periféricos adicionales más útiles figuran los siguientes (se dan con los interfaces más comunes):

- Dispositivos MP3 y MP4 (USB o Firewire).
- Cámara digital (USB).
- Grabadora de Video Digital (USB, Firewire).
- Parlantes exteriores con su fuente de poder (mini-plug).
- Micrófono (USB).
- Sistema TIVO, Apple TV o EyeTV (USB o Firewire).
- Tocadiscos (USB).
- Casetera (USB).

Entre los dispositivos que tocan canciones MP3 figuran por excelencia los distintos modelos de iPod. Desde los modelos económicos sin pantalla de "iPod Suffle" hasta la nueva generación de "iPod Touch" (actuamente con hasta 64GB de almacenaje flash) que de forma inalámbrica puede tener acceso al Internet. De hecho, los iPod están diseñados para tocar canciones digitales. Además, según el modelo, pueden tocar los podcast y blog y dejan ver fotos y películas y jugar juegos de video que se bajan del Internet a través de una computadora. Actualmente, el modelo "clásico" de más memoria tiene la capacidad de 120 GB, o sea, según Apple Computer Inc., lo suficiente como para almacenar 30.000 canciones digitales, 150 horas de video, o 25.000 fotos.

Para sacar fotos digitales para guardar en la computadora o en el iPod se necesita una cámara digital o teléfono celular. Hasta se puede sacar fotos con algunas computadoras, como ser la 17" Apple MacBook Pro. Como es el caso con otro hardware, estos dispositivos han mejorado mucho en cuando a calidad y rasgos y han bajado mucho de precio.

Preguntas

1. ¿Se acuerda usted de su primera computadora personal? ¿Cuál fue? ¿Cuáles eran las tareas que hacía con ella? ¿Cuánta memoria electrónica (RAM) tenía? ¿Cuánto almacenaje (memoria magnética) y de qué tipo tenía? ¿Compró usted algunos dispositivos periféricos para usarse con la computadora? ¿Cuáles eran? ¿Valían la pena los gastos adicionales?
2. Por un lado hay gente que cree que conviene tener una variedad de generaciones de computadoras para sus uso personal, para la oficina o para un laboratorio. Por otro lado, hay otras personas que prefieren quedarse con "la última chupada del mate". Usted tiende a actualizar su(s) computadora(s) o a deshacerse de ella(s) a favor de comprar una nueva? Explique su respuesta.
3. ¿Se imagina usted su computadora ideal en este momento? Descríbala en términos de modelo preferido, potencia, rapidez, almacenaje (número, tipo y tamaño de discos duros), RAM, dispositivos periféricos y usos. Use el siguiente cuadro para contestar la pregunta.

Marca/modelo	
RAM	
CPU	
Rapidez (GHz)	
Almacenaje interno	
Discos duros (número y tamaño)	
Discos de media intercambiable	
Dispositivos periféricos	
Usos principales	

4. Especialmente con el uso de las unidades centrales de proceso Intel Core Duo y el software "universal", hace tiempo a esta parte que existe una creciente compatibilidad entre las computadoras Macintosh y las PC. ¿Usted es una persona que prefiere las computadoras Macintosh o las PC? ¿Su preferencia es por costumbre, por motivos económicos, porque está de moda, o qué?

5. ¿Bajo qué circunstancias se usarían las computadoras tipo torre? ¿Cuándo sería más conveniente usar una laptop? ¿Y cuándo habría una preferencia por un teléfono celular o un iPod? ¿Concibe usted comprar, por decir un iPhone, en lugar de una laptop nueva en caso de caer en desuso la suya?

Resaltan los recuerdos las imágenes digitales.

El hardware de la fotografía digital

Capítulo 3:

Este capítulo sigue con la presentación de hardware, y en particular, el de la fotografía digital. Comienza con una corta introducción que resume las ventajas que tiene la fotografía digital, continúa con un repaso del vocabulario de las partes principales de una cámara digital y termina con prestar algunas posibilidades, las primeras pueden servir para sacar mejores fotos con algunas técnicas favoritas del autor y las últimas pueden servir para el cuidado del equipo fotográfico.

Introducción

La fotografía digital es un pasatiempo favorito de muchísima gente porque se requiere tan poco una cámara digital y se puede practicar en cualquier época del año y en cualquier época de la vida. A dondequiera que vaya uno, puede sacar fotos con la máquina que esté a mano; sea cualquier cámara digital compacta, una cámara semi-profesional o una profesional y hasta un teléfono celular. Entre las muchas ventajas que tiene esta forma de fotografía sobre la tradicional figuran las cinco que vienen a la mente:

Se puede sacar montones de fotos, cientos si no miles, con cada tarjeta de memoria. Si se anticipa la necesidad de sacar aún más fotos, se consigue otra tarjeta de memoria (incluso con mayor capacidad de almacenaje).

- Se puede borrar de la memoria las fotos no deseadas al instante y usar el espacio restante para almacenar fotos adicionales.
- Se puede manipular las fotos una vez que se tenga acceso a una computadora y algún programa de software utilitario.
- Las cámaras digitales son cada vez más potentes, más baratas y más fáciles de usar.
- Muchas de las cámaras digitales pueden sacar segmentos de video digital también.
- Tienen múltiples usos las fotos digitales, entre los cuales figuran los álbumes digitales y su empleo en el video digital.

Las partes principales de una máquina fotográfica

La terminología de las partes de una cámara digital no es difícil de aprender, ya que afortunadamente tal y como pasa con la terminología de la tecnología en general, hay un montón de cognados entre el inglés y el español y los lectores ya sabrán adivinar muchas palabras en español. Eso sí, lo difícil es saber cuando se usa un término que viene del inglés, (por decir "el flash" o "el zoom") y cuando se usa el término en español (por decir "el objetivo" o el "disparador"). Entre las piezas principales de una cámara figuran las siguientes:

El objetivo (en inglés, "lens"). Muchas veces se habla del objetivo como el "ojo" de la cámara. Pues, a veces sirve un solo objetivo mientras que otras veces se usa una serie de objetivos intercambiables para saca las fotos deseadas. Según los expertos en la fotografía, la determinación del tipo de objetivo depende de la distancia focal del objetivo, o sea, depende del espacio físico entre el objetivo y la imagen captada dentro de la cámara. Mientras menor la distancia focal, más ancha es la toma de la foto y más grande el ángulo del objetivo. Y a la inversa, mientras mayor la distancia desde el objetivo a la imagen captada, más estrecha, más enfocada queda la imagen con un ángulo de objetivo menor. En sí, hay tres tipos fundamentales de objetivo en uso común con las cámaras en general y con las cámaras digitales en particular: el objetivo de gran ángulo, el teleobjetivo y el zoom. Un buen ejemplo del objetivo de gran ángulo es el llamado "ojo de pescado", que capta escenas más amplias que los objetivos de menores ángulos de vista. Los teleobjetivos sirven para sacar fotos de escenas que están a distancias más largas. Y los objetivos que pueden cambiar la distancia focal y así hacer parecer más de cerca o más de lejos la imagen se llaman zoom. Actualmente, y con razón, muchas cámaras digitales compactas vienen con este tercer tipo de objetivo. La razón por la cual son más versátiles es que un solo objetivo hace las veces de varios: ajustándose, saca fotos de una sala de clase y luego saca de animales que están más lejos en el zoológico. Además, con un objetivo tipo zoom no es necesario acarrear una serie de objetivos.

El visor es por donde uno observa la imagen (el motivo o la escena) que pretende sacar el fotógrafo. Antiguamente sólo se usaba el visor óptico, pero ahora son comunes los visores pantalla de cristal líquido o LCD (sigla que es del inglés) con imagen electrónica. Para el gusto del fotógrafo muchas cámaras vienen con las dos opciones.

El obturador (en inglés, "aperture") es la parte de la cámara que abre y cierra para controlar la cantidad de luz que entra al interior de máquina fotográfica. Muchas cámaras, especialmente las más sofisticadas, en lugar de tener el obturador automático, tienen función manual con controles para ajustar el obturador. Esto le deja al fotógrafo la libertad de poder sacar fotos acentuando los distintos efectos de la luz.

La tarjeta de memoria es la memoria portátil que se usa para almacenar las fotos. Hay varios formatos comunes, entre los cuales figuran las tarjetas SmartMedia, las CompactCard y las tarjetas de memoria flash. Estas tarjetas vienen más rápidas y con cada vez más capacidad de almacenamiento. Antes de comprar tarjetas adicionales siempre conviene averiguar su compatibilidad con la cámara digital que se tiene. Con las cámaras compatibles estas tarjetas son rápidas para sacar video, no usan tanta pila, y pueden tener grandes capacidades de almacenaje.

El disparador es el botón que se aprieta para sacar las fotos.

El sintonizador de modo es el control que se usa para elegir la función de la cámara, por decir, foco automático, foco manual, video y otras.

El conector USB es el cable que se usa para pasar las fotos al disco duro de la computadora o a otra forma de almacenaje magnética.

El flash es la parte de la cámara que echa luz en caso de poca luz natural. El flash viene incorporado a la vasta mayoría de las cámaras compactas que tienen función automática. En otros casos resulta ser un dispositivo agregado a ciertas máquinas fotográficas.

Posibilidades para sacar mejores fotos

Con la llegada de la fotografía digital no hay que ser fotógrafo profesional para sacar buenas fotos. Con un poco de paciencia y práctica y un almacén digital adecuado, tarde o temprano las fotos van a comenzar a salir bien. Lo que sigue son algunas ideas para mejor asegurar una buena cantidad de fotos que en cuanto a calidad sean más que mediocres.

La memoria. No está de más tener memoria adicional.

Antiguamente, las cámaras digitales venían con tan poco 8MB de memoria. Actualmente algunas cámaras digitales sacan fotos de hasta 9MB o 12MB por foto. Como resultado han ido subiendo las capacidades de almacenamiento las tarjetas de memoria. Las de 4GB o 8GB ya tienen precios económicos. Para dar una idea de las capacidades de almacenaje, una tarjeta de memoria de 1GB permite sacar más de cuatrocientas (400) fotos con una resolución de 9MB, o poco más de catorce (14) minutos de video. Por eso muchos fotógrafos aficionados llevan consigo más de una tarjeta de 1GB o menos memoria, o mejor aún, una tarjeta de 2GB hasta 8GB o más de memoria para la salida fotográfica. Eso sí, antes de emprender un viaje, convendría asegurar de que funcionen perfectamente las tarjetas de memoria una vez compradas, ya que pueden venir falladas de la tienda. Y aunque normalmente uno traspasa las fotos a una computadora o a un disco duro y borra la tarjeta de memoria para usarla repetidas veces, hay quienes guardan las fotos en la tarjeta de memoria y compran otra tarjeta cada vez que se llena una.

Las pilas. Una de las circunstancias "de tonto" más comunes es estar listo uno para sacar fotos y encontrar que las pilas están agotadas. Las que son más fáciles de encontrar son las doble A (AA), de manera que anticipadamente hay quienes compran sus cámaras pensando en el tipo de pila que emplean. Unas marcas y tipos de pilas son más duraderos que otros. Claro está, las pilas que duran más suelen costar más. Si uno prefiere las pilas recargables, convendría tener pilas de repuesto bien cargadas. Muchas de las cámaras digitales compactas vienen con pilas recargables especiales que son menos económicas y más difíciles de encontrar. No sería mala idea tener a mano una pila de repuesto cargada adicional de esas.

La cantidad de fotos que se sacan. Los fotógrafos más serios suelen sacar más fotos que las que piensan usar. No es nada extraño que los profesionales terminen aprovechando menos de un 10% de las fotos sacadas. Los aficionados a la fotografía digital deben considerar sacar muchas fotos porque sin lugar a duda van a haber fotos movidas, fotos con un nivel de contraste insuficiente, y fotos con mala composición (véase abajo). Se podría poner a sacar unas cuantas fotos más de otros ángulos y de más o menos luz y estar un tanto más seguro de tener las fotos deseadas después.

La luz adecuada es esencial. Muchas veces los fotógrafos novatos hacen caso omiso del hecho de que hace falta tener luz suficiente para alcanzar el contraste de imagen necesario para sacar buenas fotos. Mientras más contraste tiene la foto original, mejor la calidad del producto final. Hay que acordarse de que es difícil volver para atrás una vez que estén sacadas las fotos: con un ambiente de luz insuficiente sencillamente queda mal tomada la foto. Existen dispositivos medidores de luz que miden la luz que sale de un objeto. Muchos fotógrafos con experiencia los usan con las cámaras de función manual, ya que éstos le ayudan al fotógrafo a fijar el obturador.

Si no se puede controlar la cantidad de luz existente, entonces habrá que tratar de remediar la situación a través del proceso de manipular las fotos con software. Adobe Photoshop, Apple Aperture y Apple iPhoto figuran entre los programas que sirven para este propósito. Con estos programas se trabaja con varias herramientas digitales para cambiar el tono, el color, el contraste, y la iluminación para intentar corregir los malos efectos de la poca luz original. Pero hay que tener cuidado, ya que se tiende a bajar de calidad la imagen al procesarse con programas de software. En últimas instancias, se puede ajustar ciertas pantallas de computadora cambiando la iluminación y así hacer verse mejor ciertas fotos digitales en la pantalla de la computadora.

Usando un trípode (o "trespiés", como quien dice). Tanto los fotógrafos profesionales como los aficionados suelen emplear un trípode para evitar las fotos movidas. Existen trípodes de varios tamaños y precios y fácilmente se puede conseguir uno por unos treinta dólares ($30) aunque también se puede pagar unos quinientos dólares ($500) o más por uno. Lo importante es conseguir un trípode que sea lo suficiente estable para sujetar bien la cámara. Actualmente muchas cámaras digitales vienen con un sistema estabilizador que limita hasta cierto punto las fotos movidas. Unas desventajas de acarrear un trípode: en algunas ocasiones se pierden buenas fotos al gastar tiempo en sacar y montar el trípode; los modelos más grandes y seguros son bastante pesados e incómodos de estar acarreando; y al igual que pasa con un paraguas, se puede olvidar al dejar en algún sitio sin querer.

Considerando el fondo de la foto. No hay que hacerle caso omiso del fondo de las fotos. El fondo es importante en la medida que no interfiera con el sujeto de la foto. Muchos fotógrafos con experiencia recomiendan mantener un fondo tranquilo que más bien resalta y aparta el sujeto.

La composición de las imágenes. Cuando uno comienza a aburrirse de las fotos que va sacando, puede que sea hora de experimentar con la composición, o sea la relación entre el sujeto y el fondo. Algunas de las técnicas más comunes para variar la composición son: el uso del zoom, el juego de sombras y variando la perspectiva de la toma. Teniendo más que suficiente memoria a mano, uno está a sus anchas para experimentar con la composición de las imágenes.

Enfocando el sujeto. A veces es difícil enfocar y mantener el foco en el sujeto. Ni con el foco automático se asegura mantener un enfoque nítido, sobre todo si hay poca luz, mucho viento o movimiento de sujeto. En todo caso, habrá que experimentar y practicar algo para poder mantener un sujeto nítido dentro del marco del visor.

El cuidado del equipo fotográfico

Por supuesto, la seguridad personal es lo primero, pero después de eso, habría que tomar precauciones para proteger el equipo fotográfico, en especial al transportarlo. Suele resultar dañino cuando las máquinas se exponen al polvo, a la arena, a la humedad, y al agua (la peor es el agua salada). Muchos usan la correa que viene con la cámara para colgarse del cuello, ya que sirve de seguridad adicional en caso de deslizarse la máquina de las manos.

El cuidado del objetivo. Sin lugar a duda, hay que proteger el objetivo de la cámara. Un objetivo rayado deja de prestar tanto servicio. Aún se puede sacar fotos, pero la calidad de imagen baja según la gravedad de los daños que ha sufrido el objetivo. Muchos fotógrafos protegen el objetivo con la montura de un filtro de vidrio que se puede agregar a algunas cámaras según el diámetro del objetivo. En sí, los filtros tienen otros propósitos, como el filtro polarizado que tiene el propósito principal de contrarrestar los rayos UV, o el filtro ND que sirve para acortar la cantidad de luz solar que les da a los motivos blancos en un día bien soleado o filtros para colorear. Empleando el filtro que sea, en caso de barro, tierra, arena, ramas y otros objetos, se daña el filtro, que se puede cambiar sin gran costo, y no el objetivo, que costaría mucho más reparar o cambiar. Para mantener el objetivo libre de manchas, huellas dactilares y tierra, se usa un equipo profesional limpiador. Estos equipos no emplean sustancias químicas que pueden echar a perder la capa especial de la superficie del objetivo. No se limpia el objetivo con sustancias comerciales que son para sacudir los muebles o para lavar ventanas y platos. También hay que tener cuidado con el sol directo, ya que es capaz de dañar el visor y el objetivo, que sirve de lupa. Y por supuesto, conviene tener una buena bolsa o estuche para transportar la cámara, así evitando el roce de ramas, piedras y otros obstáculos en el camino.

Preguntas

1. Suponiendo de que usted tiene una cámara digital o teléfono celular con cámara, ¿Qué cámara digital (teléfono celular) tiene? ¿Cuáles son las funciones de la máquina que más (o que menos) emplea usted? Comente sus costumbres de sacar fotos: ¿Cuántas saca al mes? ¿De qué sujetos las suele sacar?
2. ¿Tiene usted una manera de asegurar de que no se pierdan las fotos más valiosas? ¿Qué sistema de almacenamiento de fotos digitales emplea usted?
3. ¿Tiene usted costumbre de realzar las fotos digitales con programas de software? En caso de que sí, explique como lo hace.
4. ¿Saca usted a imprenta las fotos con una impresora? Si contesta que sí, describa la impresora. ¿A veces emplea usted un servicio comercial para sacar, agrandar y realzar sus fotos? En caso de que sí, ¿cuál es y qué es lo que hace? Está usted contento con los resultados? ¿Por qué sí o por qué no?
5. Si usted fuera a comprar una (si no otra) cámara digital, ¿Cuál sería y porque escogería ese modelo?

Dime con que software trabajas y te diré lo que haces con él.

Capítulo 4: | Usos de software popular de alto calibre

En el presente capítulo se cambia el enfoque de hardware al de software. Comienza presentando una idea general del papel imprescindible que juega el software en el ámbito digital y sigue con una presentación de varios usos de software. Luego pasa a caracterizar seis excelentes paquetes de software comercial.

Introducción

No cuesta mucho creer que el total de la media de que nos disponemos tenga un valor económico más alto que el hardware que la emplea. En términos concretos, por el costo de tres películas DVD se puede comprar una máquina que proyecta esta media. La misma máquina incluso toca CDs musicales que cuestan de unos diez ($10) a quince dólares ($15) cada uno. Otro ejemplo es: se podría gastar cientos de dólares para llenar de canciones la iPod más barata. Como en el caso de los CDs musicales para un equipo de sonido, el valor verdadero de las computadoras personales sin lugar a duda queda en la medida en que se puede aprovechar el software que está diseñado para los distintos propósitos digitales. De manera que el software que uno pretende usar tiene que ver con la decisión del hardware que se debe comprar.

El software de alta calidad que ha tenido resultados excelentes en el mundo de negocios y que tiene aplicaciones en los ámbitos académicos y personales representa una verdadera mina de oro. A medida que pasa el tiempo, los directores de laboratorios de multimedia, el personal de los centros de multimedia y de salones de clase digitales, los especialistas en tecnología, los equipos docentes, y los estudiantes--todos venimos aprovechándonos cada vez más los programas comerciales de software bien probados. Lo que es más, muchos de los programas de software vienen en varias versiones y a distintos precios: hay versiones abreviadas que son capaces de interpretar datos pero no producir ni manipularlos, hay versiones probatorias, hay versiones académicas, y versiones profesionales que pueden tener rasgos y funciones adicionales (por un costo adicional, por supuesto). En todo caso hay que seguir al pie de la letra la licencia que viene con el software. Por decir, las versiones académicas son para propósitos de docencia y de aprendizaje, y no propósitos lucrativos.

Las ventajas de usar programas La software comerciales populares para propósitos académicos y personales son muchas. A continuación se da un par de ejemplos. El primera de estas ventajas tiene que ver con los segmentos de video originalmente grabados. Esto es porque existe una necesidad de preparar materiales de alto calibre para los propósitos académicos. Pocas veces se va a emplear en un salón de clase un video original tomado de, por decir, actividades en una estación de tren de una capital extranjera. Como punto de comparación, en el mundo de los negocios, no es extraño que los videógrafos descarten hasta un noventa por ciento (90%) del video original captado. De igual manera, para propósitos docentes, ¿no sería más apetecible y fructífero cortar el video en secciones manejables para luego poder seleccionar, y después ordenar los pedazos más apropiados según las metas docentes y luego agregar títulos, efectos, transiciones y audio para obtener un producto más apropiado y motivador? Llevando el video un paso más, se puede agregar un elemento interactivo con preguntas de comprensión. De hecho, ya existe el software comercial para estos y muchos otros propósitos.

Otro ejemplo de la importancia que goza el uso del software existente tiene que ver con la preparación de fotos para su uso final en productos digitales. ¿Cuántas veces son perfectas todas las fotos que sacamos? En realidad para los artículos finales de las grandes revistas aparecen muy pocas de las miles de fotos que son profesionalmente sacadas. Se mejoran las posibilidades de aprovechar las fotos originales al aplicar una cirugía digital en las fotos con software como Adobe Photoshop o Apple Aperture. Con estos y otros programas de software se puede cambiar el contraste y colores y la resolución de imagen de las fotos. Se borran manchas y se aplican efectos especiales. Y hay otras ventajas de usar tales programas de software para fines académicos. Por ejemplo, sea con fotos o sea con el video digital, al usar las herramientas digitales para manipular las características digitales de nuestra media original evitamos problemas de derechos de autor, ya que puede ser difícil el conseguir permiso de los autores para usar la media, especialmente si es que queremos manipular las imágenes.

Los instructores son los expertos en cuanto al contenido de los cursos que enseñan. Además, son los que a través de los años han venido usando técnicas bien probadas para promover el aprendizaje mientras que los estudiantes perciben, almacenan, procesan, revisan y luego practican la información que proveen. Ahora al preparar materiales digitales conviene mantener un producto sencillo que siga los principios básicos de aprendizaje humano, un fenómeno netamente individual y activo.

Usos principales de software. El software tiene varios propósitos, entre los cuales figuran los que se presentan en la Figura 4:

Clasificación de Software	Usos del software	Ejemplos
Software para arrancar el sistema (software de sistema)	Arrancar la computadora y hacer muchas otras tareas, como ser controlar el reloj y el calendario, tener un acceso a la Red, fijar la resolución de pantallas, controlar el hardware, fijar el nivel de seguridad, buscar información, y cambiar la apariencia del texto	Windows 95, Windows 2000, Windows Vista, y Mac OS X (e.g. las versiones 10.4 y 10.5)
Procesadora de palabras	Crear y manipular texto, incorpora gráficos y colores	Microsoft Word
Publicación de páginas a colores	Crear panfletos, pancartas y otros documentos a colores con gráficos	Adobe inDesign, Apple Pages, Microsoft Word, y Quark XPress
Guardar y ordenar fotos	Captar y ordenar fotos (en algunos casos manipula las características de las fotos)	Apple iPhoto
Manipulación de gráficos y otras imágenes	Cambiar el tamaño, el contraste, los colores y la resolución de imágenes y aplicar efectos especiales	Adobe Photoshop, Apple Aperture y varios programas menos sofisticados

Informes digitales	Usar plantillas para colocar texto, gráficos, audio y video camino de montar informes digitales	Microsoft PowerPoint y Apple Keynote
Arte gráfico	Crear y manipular ilustraciones gráficas	Adobe Illustrator
Audio digital	Captar y procesar el audio digital, cambiando las cualidades acústicas, incluso con efectos especiales	Bias Peak y Apple SoundTrack
Software para comprar productos digitales	Usar la Red para captar y ordenar canciones, películas, y productos tipo eBook y podcast	Apple iTunes
Procesar el video digital	Captar, manipular y guardar segmentos de video digital	Adobe Premiere, Apple Final Cut Pro y Apple iMovie
Manejar datos	Crear y manejar cantidades grandes de datos e informes, incluso para la Red	FileMaker Pro
Procesadora de gráficos animados	Crear efectos especiales para el video digital	Adobe AfterEffects y Apple Motion
Diseño en la Red	Preparar y colocar información en la Red	Blackboard, Apple iWeb
Crear multimedia	Crear documentos, gráficos animados y otros productos digitales para multimedia y la Red	Adobe Flash

Software utilitaria	Servir propósitos como: combatir los virus, comprimir afiches, cualquier plug-in, controladores de tarjetas de audio, crear CD y/o DVD, crear afiches PDF, y otros	Tech Tool Pro, Toast Titanium, Adobe Acrobat
Manejar hojas de cálculos (en inglés, "spreadsheets")	Hacer estadísticas, hojas de cálculo, cuadros, dibujos y otras tareas parecidas	Microsoft Excel y Apple Numbers
Navegador/ buscador de Red	Permitir que uno llegue a los distintos sitios en la Red	Microsoft Internet Explorer, Apple Safari y otros
Programas para video en la Red	Tocar y en algunos casos manipular el video digital para la Red.	Real Networks G2, Windows Media y Apple Quicktime.

Figura 4: Usos principales de software

Examinando las características básicas del software

Se puede examinar cualquier programa de software según los criterios de sus requisitos de memoria tipo RAM, según sus requisitos de almacenaje, según su dificultad de aprender a usar y según sus costos de emplear. A continuación se elabora cada uno de estos criterios.

Requisitos de RAM (memoria electrónica). Un factor importante y uno que más bien es de naturaleza hardware, es la memoria RAM mínima que se requiere para emplear el software efectivamente. La memoria RAM se emplea con uno o más programas de software al mismo tiempo, para abrir ventanas, para usar las herramientas individuales de cada programa y para procesar datos digitales en general. Cada programa de software tiene sus requisitos específicos de RAM debido a las exigencias de las funciones que se llevan a cabo. Los requisitos de RAM para la mayoría de los programas de software varían entre unos 32MB y 2GB o más. Programas notorios por su alta demanda de RAM son los que procesan gráficos digitales grandes y los que manipulan el video digital. Al manipular imágenes cada vez más grandes y de resoluciones cada vez mayores, sin RAM suficiente la computadora se lentifica, deja de cumplir con las tareas mandadas, o simplemente se traba y deja de funcionar.

Requisitos de almacenaje (memoria magnética). Un segundo factor esencial para el uso del software también es de tipo hardware. Siendo otro tipo de memoria, ésta se refiere a la memoria magnética que hace falta para guardar el software mismo tanto como para almacenar los productos digitales que se van creando. Normalmente la memoria magnética se guarda en uno o más discos duros, y a través de los años con almacenaje adicional que ha venido de distintas formas: dispositivos "flash", discos "zip", CD o DVD y media magneto-óptica (MO). (Véase la sección de hardware para más información tocante a los discos duros).

El nivel de dificultad de aprender a usar el software. Con los quehaceres de la vida, con los deberes de estudiante y con el trabajo de profesor (en la esferas de docencia, de investigaciones, y de servicio) es sumamente difícil encontrar el tiempo suficiente para aprender a usar nuevos programas de software. Además, hay mucha gente que no se considera capaz de meterse de fondo en el trabajo que se requiere para adiestrarse en el uso de esta tecnología. Sin embargo, hay muchos programas de software que se pueden comenzar a aprender en relativamente poco tiempo. Las clasificaciones de dificultad de aprender a usar el software en la Figura 5 sirven para los propósitos del presente volumen.

Nivel de Dificultad	Descripción
1	No hace falta ni estudiar ni practicar, o en todo caso requiere una o dos horas de práctica para poder producir los primeros productos efectivos.
2	En algunos casos requiere tutoría o participación en taller, grupo de trabajo, o conferencia. Después de todo, requiere unas pocas horas de práctica para poder comenzar a producir productos sencillos.
3	Suele requerir experiencias o destrezas previamente adquiridas en el uso de otro software para producir texto, gráficos, audio, y/o video y tiempo estudiando o usando el nuevo software para poder comenzar a usarlo para llegar a crear los productos deseados.
4	Requiere tanto lo anterior como el aprender a usar herramientas más difíciles, maniobras más complicadas o el aplicar un lenguaje más técnico.
	Anótese: Dentro de cada programa de software existen varias etapas de maestría (por decir, desde novato hasta experto), y la diferencia entre niveles puede variar mucho. Además la experiencia previa en el uso de software de cada persona es de suma importancia aquí.

Figura 5: Clasificando la dificultad de aprender a usar el software

Junto a la práctica, es de suma importancia la experiencia previa en el uso de distintos tipos de software. Claro está, si uno deja de usar cierto software por mucho tiempo, habría que repasar o volver a estudiar/aprender su uso. Entre las varias maneras de adiestrarse en el uso de software figuran las siguientes:

Algunos usuarios son capaces de comenzar a usar el software nuevo sin práctica previa.

- Una hora o dos con un tutor o usuario competente en el uso del software son suficientes para poder usar las funciones básicas de ciertos programas.
- Para los usuarios que suelen leer y seguir indicaciones, existe una documentación que le acompaña el software.
- Estos tutoriales tienen indicaciones que al seguirlas paso a paso conducen a resultados y productos modelos.
- Es relativamente fácil buscar tutoriales que han sido diseñados para cada programa de software. Por supuesto, hay muchos recursos en la Red y compañías que publican libros con CD o DVD para aprender a usar el software.
- Otra sugerencia es la de comprar y usar plantillas (en inglés, "templates"), efectos tipo plug-in, y otras utilidades para hacer la tarea de usar el software más fácil y versátil.
- Hay personas que tienen los medios y prefieren asistir a conferencias y talleres para aprender a usar el software. Aunque cuestan dinero, son efectivas estas sesiones para facilitar el aprendizaje de las herramientas para crear productos digitales.
- Finalmente, se puede reducir los costos de entrenamiento por asistir a talleres, o grupos de trabajo. Muchas veces las bibliotecas, laboratorios y centros de multimedia ofrecen tales oportunidades gratis o a bajo costo.

El costo. A pesar de que los precios de la tecnología en general y los de las computadoras en particular han venido bajando, tanto para el equipo docente como para estudiantes el precio de software sigue siendo un factor económico serio y en algunos casos hasta prohibitivo. Después de todo, sin software para crear los materiales digitales deseados, el uso de las computadoras queda bien reducido. Si bien es cierto, las grandes compañías son capaces de pagar precios altos por el software mientras que algunas instituciones docentes carecen de los fondos monetarios suficientes como para suministrárselo al profesorado y al alumnado dicho software. Por fortuna existen precios especiales rebajados de software en el ámbito académico. En las más de las veces las instituciones académicas acaban por comprar licencias para el uso general del software de parte de los estudiantes y personal docente y administrativo. En estos casos el costo por unidad baja de una manera significativa. En la mayoría de los casos no hay grandes diferencias entre las versiones comerciales y las que son para propósitos académicos. La diferencia principal es el propósito final de los productos digitales finales creados con el software. En resumidas cuentas, las versiones académicas son para los propósitos docentes, para la clase, no son para montar páginas de Web personales, no son para avisar y vender productos. Por otra parte, si uno tiene una versión antigua de un programa de software, normalmente se puede conseguir la nueva versión a costo rebajado. Esto no sirve, por si acaso, para las versiones de software que son para fines académicos porque ya se venden a precios rebajados. Hasta hay ofertas especiales de software para productos "competitivos", o sea, productos que tienen más o menos los mismos propósitos pero que son de otras compañías.

Además del costo inmediato de la licencia para usar el software, hay que considerar otros costos posibles para poder emplear el software de una manera efectiva. Por ejemplo, en el caso de algunos programas de software hay que tener hardware adicional como RAM y almacenaje, una pantalla grande (o una segunda pantalla) y mucha fuerza procesadora. También hay que pensar en el costo de entrenarse a usar efectivamente el software. Finalmente, si uno necesita tener a mano acceso a ayuda profesional continua, éste sería otro gasto. Dentro de cada programa de software existen varias etapas de maestría, y costos de entrenamiento en su uso podría resultar en una diferencia en cuanto al costo total del software.

Programas de software comercial seleccionados para su uso académico

Los seis (6) programas (o paquetes de programas) de software que se describen en este capítulo tienen sus usos profesionales, académicos y personales. Algunos programas que están en la lista son más económicos que otros, y algunos son más fáciles de aprender a usar que otros. Claro está, hay muchos otros programas valiosos que no se incluyen aquí.

- Adobe Photoshop (software para manipular imágenes).
- Apple Final Cut Pro (software para manipular el video digital).
- Adobe InDesign (software para crear documentos a colores).
- Adobe Illustrator (software para los artistas gráficos).
- Microsoft PowerPoint (software para hacer informes electrónicos).
- iLife (un paquete de varios programas): software para manipular fotos, audio y video digital y hacer páginas de Web.

Este software es de uso general y con escasas excepciones se ofrece para la venta versiones para las plataformas Macintosh y Windows (la excepción aquí son algunos componentes de iLife). Los productos creados con estos programas pueden servir para la Red, para proyectos de multimedia y para la imprenta. La información específica respecto al software tratado aquí incluye:

- Resumen general (usos, características, compatibilidad e interfaz)
- Requisitos de RAM (memoria electrónica) del software

- Requisitos de almacenaje (memoria magnética) del software
- El nivel de dificultad de aprender a usar el software
- Los costos del software (véase arriba)
- La mención de otros programas parecidos a este software

A continuación se presentan las características principales de este software. Las grandes marcas son Adobe, Apple y Microsoft, que son las que actualmente más populares son y más usos tienen.

Adobe Photoshop

Este programa viene solo o en forma de componente del paquete Adobe "Creative Suite", conocido como CS. Oras versiones son: la versión extendida, la versión reducida llamada "Elements" y la versión académica para estudiantes y personal docente y administrativa. Unas fuentes excelentes, no solamente para mejor aprovechar Photoshop, sino para todos los componentes de CS son: Adobe Creative Suite 4 Design Premium: Classroom in a book (2009) y J. Smith, C. Smith y Gerantabee (2009a), que cubren sus usos para la multimedia y J. Smith, C. Smith y Gerantabee (2009b), que cubre sus usos para la Red. Otros textos valiosos son: Advanced Adobe Photoshop (1994), Cohen y Wendling (1995). Adobe Photoshop 7.0: Classroom in a book (2002), Cope (2002), Baumgardt (2003), Davis y Dayton (2003) y McClelland y Eismann (1998).

Resumen general de Photoshop: es el estándar de la industria para manipular imágenes digitales. Tiene muchísimos usos prácticos aunque puede resultar costoso, considerando el precio inicial del software y los requisitos de tipo hardware (el almacenaje magnético adicional que requiere, mucho RAM, una pantalla grande (o una segunda pantalla) y mucha fuerza procesadora.

- Usos: este software es un conjunto de herramientas

digitales empleado para crear y manipular fotos e imágenes gráficas a través de una cirugía plástica digital. Los productos gráficos tienen amplio uso en la imprenta (panfletos), en la multimedia (tutoriales digitales) en el Internet (páginas de Red), y en el video digital (títulos).

- Las características principales incluyen: manifiesta los menúes y herramientas estándares tipo Adobe; se trabaja con pistas (en inglés, "paths" o "outlines") y distintos sectores o niveles de las imágenes (en inglés, "levels"); y viene con varios filtros y efectos especiales que pueden aplicarse a las imágenes. Una de las características más populares es el empleo de filtros para crear efectos especiales.
- Photoshop goza de una gran compatibilidad con los otros productos Adobe (como ser Premiere, Illustrator y AfterEffects), y con los productos de Apple, Microsoft, y otras compañías notables. Además, muchas compañías venden software tipo plug-in para ampliar o facilitar el uso de Photoshop, así haciéndolo más versátil y fácil de usar. Los plug-in de Adobe Photoshop son herramientas que se usan para hacer tareas como crear sombras, cambiar partes de imágenes, y fijar pistas para dividir las imágenes y trabajar en sectores de las imágenes más fácilmente.
- El interfaz es el estándar usado por Adobe con menúes, herramientas, y ventanas con diálogos explicadores.

Requisitos de RAM: los requisitos son significativos y dependen del tamaño de los gráficos que se trabajan, de la resolución de las imágenes y de la velocidad con que se quiere procesar los filtros y efectos. Se requiere unas 2GB o más de RAM en la mayoría de los casos.

Requisitos de almacenaje magnética: es imprescindible tener un disco duro de 80GB o más (tener un segundo disco duro dedicado a los afiches digitales es mejor) con discos ópticos (CD, DVD), y dispositivo flash de 2GB, de 4GB o más.

Nivel de dificultad de aprender a usar Adobe Photoshop: muchos de los usuarios que no lo usan frecuentemente lo encuentran más difícil de aprender que otros programas. Afortunadamente es común encontrar sesiones tutoriales de distintos niveles (novato, intermedio, avanzado) para adiestrarse en su uso. Según la Figura 5 (véase arriba), el nivel de dificultad correspondería al número 3.

Costo: el costo sube según la versión, según los plug-in adicionales y si uno compra o no el paquete entero de Adobe Creative Suite. Además, hay que considerar posibles costos adicionales de hardware: RAM adicional, disco duro grande o segundo disco duro, computadora con procesadora(s) rápida(s), de una segunda pantalla o pantalla grande para aprovechar el software, y de entrenamiento.

Otros productos recomendados para manipular imágenes gráficas digitales: como queda dicho, Adobe Photoshop es el estándar de la industria para manipular imágenes digitales. Cabe mencionar Apple Aperture, software alternativo para trabajar con fotos digitales. Otra alternativa sería comenzar con Adobe PhotoShop "Elements", la versión reducida. Claro está, existen programas menos sofisticados que vienen con las cámaras digitales y con los escáneres.

Apple Final Cut Pro

Este programa viene solo o en forma de componente principal del paquete Final Cut Pro Studio. Oras versiones son: la versión reducida y la versión académica para estudiantes y personal docente y administrativa.

Resumen general de Final Cut Pro: es uno de los estándares de la industria para editar el video digital. Tiene muchísimos usos prácticos; y puede resultar costoso, considerando el precio del software, los requisitos de RAM que tiene, procesadora(s) rápida(s), tarjeta de video especial y almacenaje magnético adicional.

- Usos: este software es un conjunto de herramientas para procesar el video digital para multimedia (en cinta magnética como la mini-DVD, o para media óptica reusable como ser la media DVD) y la Red. Manipula el video y audio para proyectos particulares de baja resolución hasta para productos profesionales de alta resolución. Al usarse para la Red, requiere una compresión de video bastante significativa.
- Las características principales: manipula múltiples niveles de audio y video; es capaz de crear e incorporar títulos; aplica transiciones para video; emplea efectos especiales (o filtros) para audio y video; y emplea el uso de efectos especiales para hacer transparentes ciertas partes de una imagen (en inglés, "keying").
- Final Cut Pro goza de una compatibilidad con muchos otros programas de software. Por ejemplo, el video digital producido se puede usar con Microsoft PowerPoint o Apple Keynote entre otros programas para preparar presentaciones electrónicas con video. Además, puede emplear recortes de video digital de Adobe AfterEffects o de Apple Motion e imágenes gráficas de Adobe Photoshop y Adobe Illustrator.
- El interfaz: tiene una ventana para los proyectos donde se organiza el contenido (video, audio y texto), una ventana monitora con herramientas para ver y editar el video, una ventana de programa y una ventana con pistas para audio y video que permiten ver como se juntan los segmentos de video a través del tiempo para seguir procesando el audio y video digital.

Requisitos de RAM: los requisitos de RAM son significativos para procesar el video digital. Como en el caso de Adobe Photoshop con los afiches gráficos, Apple Final Cut Pro trabaja con afiches muy grandes. Mientras más grandes los afiches de video, mientras mayor la resolución de imagen del video, y mientras más efectos especiales y transiciones entre segmentos de video, más RAM hace falta. En últimas instancias es común emplear 2GB o más de RAM para trabajar con el video digital.

Requisitos de almacenaje (memoria magnética): Los requisitos para almacenar el video digital son mayores que los requisitos para otros propósitos digitales. Claro está, los requisitos dependen de varios factores, entre los cuales figuran:

- La compresión de video que se efectúa (mientras más compresión, menos almacenaje se requiere).
- La cantidad de video digital que se almacena por proyecto, que incluye el video original y las versiones del producto final.
- Otras exigencias simultáneas requeridas por la computadora.

Para editar el video digital, es recomendable tener un segundo disco duro de unas 100GB hasta 1TB (1000 GB) dedicado a los afiches de video. Muchos profesionales emplean un sistema de "RAID" (véase el glosario), que permite transferir los datos digitales más rápido entre discos duros por hacer la transferencia a varios sectores de uno o más discos duros al mismo tiempo. Una gran ventaja de tener un segundo disco duro es que los afiches de video digital, por ser tan grandes, tienden a corromper el dispositivo de almacenaje al dividir y colocar los datos de video digital en el disco duro. Y si se corrompe el disco duro que tiene el sistema operativo de la computadora, entonces esto puede trabar la computadora, resultando en pérdidas de datos y de tiempo.

Dificultad de aprender a usar este software: moderada a difícil.

Según la Figura 5 (véase arriba), correspondería al número 3.

Costo: como es el caso de Adobe Photoshop, el costo sube según la versión y el hardware adicional recomendado (más RAM, segundo disco duro grande, computadora con procesadora(s) rápida(s), una tarjeta de video especial y una segunda pantalla o pantalla grande) y de las necesidades de entrenamiento.

Otros productos recomendados para procesar el video digital: hay varios como Adobe Premiere, Avid Cinema, Avid express y Media 100, que son programas parecidos a Apple Final Cut Pro para editar el video digital. Final Cut Express es la versión reducida de Apple Final Cut Pro. Apple iMovie (véase abajo) es un software más sencillo y más fácil de usar para procesar el video digital. Adobe After Effects y Apple Motion son programas compatibles que se usan para generar gráficos animados y efectos especiales visuales. Además existen programas tipo plug-in que funcionan con este tipo de software.

Adobe InDesign

Al igual que PhotoShop, InDesign viene solo o en forma de componente del paquete Adobe Creative Suite. Otra versión es la versión académica.

Resumen general de este software: es uno de los estándares en la industria para crear publicaciones con gráficos digitales a colores. Tiene muchísimos usos prácticos para la imprenta y para la Red.

- Usos: entre los usos de InDesign figuran los siguientes: herramienta para el diseño de hojas para crear panfletos, revistas, catálogos, libros, artículos, y otros propósitos de imprenta y de la Red.
- Características: crea texto, líneas y marcos, importa fotos e imágenes gráficas, emplea curvas Bézier (para escribir texto en líneas no derechas), controla los colores, y más.

- Compatibilidad: importa los afiches estándares y convierte los afiches de Quark XPress y muchas de las procesadoras de palabras existentes como ser Microsoft Word .
- El Interfaz: tiene el aspecto estándar de Abobe con menúes y herramientas flotantes con muchas paletas para hacer más eficaz el trabajo de crear hojas a colores.

Requisitos de RAM: los requisitos de RAM son menos significativos que los que se requieren para Adobe Photoshop y Apple Final Cut Pro.

Requisitos de almacenaje: los requisitos para almacenar los panfletos, artículos, y otros productos de imprenta son mucho menos que los dos programas ya descritos.

Dificultad de aprender a usar este software: moderada. Según la Figura 5 (véase arriba), correspondería a los números 2 y 3.

Costo: ya que no tiene los requisitos exigentes de las procesadoras de gráficos grandes y de video digital, el precio es módico. Teniendo una computadora, el costo consiste en la compra inicial del software y, claro está, en gastos de imprenta de los productos.

Otros productos para crear publicaciones a colores: Según los gustos y presupuestos individuales: se elige entre Quark XPress, Microsoft Word y Apple Pages.

Adobe Illustrator

Este programa también viene como programa individual, como componente del paquete Adobe Creative Suite o en la versión académica. Las tres fuentes bibliográficas de 2009 mencionados arriba para aprender a usar Photoshop también son excelentes para aprender a usar Illustrator.

Resumen general de este software: este software es la herramienta preferida de artistas gráficos profesionales.

- Usos: este software se usa para diseñar ilustraciones

gráficas, texto y títulos para publicaciones a colores, para la multimedia, para el video digital, y para usos en la Red.
- Rasgos principales: este programa se conoce por ser el software clásico de arte gráfico a base de líneas (no píxeles).
- Compatibilidad: compatibilidad con los productos Adobe.
- Interfaz: parecido al interfaz de Photoshop.

Requisitos de RAM: los requisitos son parecidos a los de Photoshop, o sea unos 2GB o más para rendir los efectos y filtros en las imágenes grandes en poco tiempo.

Almacenaje: moderado.

Nivel de dificultad de aprender a usar Adobe Illustrator: moderado a difícil. Muchos que no lo usan frecuentemente lo encuentran más difícil de aprender que otros programas. Afortunadamente es común encontrar tutoriales de distintos niveles (aprendiz, intermedio, avanzado) para adiestrarse en su uso. Según la Figura 5 (véase arriba), correspondería al número 3.

Costo: es parecido al de Adobe Photoshop.

Otros productos parecidos: hay otros productos de diseño gráfico digital, pero ninguno llega al calibre de Illustrator.

Microsoft PowerPoint

Resumen general: PowerPoint se compra aparte o como componente del paquete Office para Windows y Macintosh. La versión académica siendo más económica que la estándar. La versión más cara de todas es la que viene en el paquete de Microsoft Office empaquetado con "Expression Media".
- Usos: sirve para organizar, ilustrar y entregar ideas (para orientaciones, juntas, y la Red) al crear presentaciones electrónicas; algunos usos para segundas lenguas

incluyen presentaciones estudiantiles y docentes para los propósitos de conversación, debates, resúmenes de viajes e indicaciones para actividades docentes.
- Rasgos: viene con plantillas ya hechas, herramientas para dibujar, efectos de animación y de multimedia, herramientas para agregar audio y video, y la habilidad de guardar afiches en el formato de HTML (para la Red).
- Compatibilidad: es compatible con los otros productos de Microsoft y también con Apple Keynote.
- Interfaz: comparte el interfaz de Microsoft.

Nivel de dificultad de aprender a usar Microsoft PowerPoint: fácil a moderado. Primero hay que acordarse de que es necesario saber diseñar un buen producto. PowerPoint es fácil de usar, pero fácil de abusar también. Es común ver productos de PowerPoint que tienen el texto muy pequeño, muchas palabras en cada página, colores horribles o pocos visibles y otros aspectos poco efectivos. Según la Figura 5 (véase arriba), correspondería a los números 1 y 2.

Costo: el costo es económico especialmente para la versión académica. No hace falta ningún hardware adicional y no exige mucho RAM para su uso .

Otro producto parecido: igualmente versátil y fácil de usar es Apple Keynote, que tiene imágenes y plantillas que varían de los de PowerPoint.

iLife

Resumen general. Aunque este conjunto de software de Apple tiene un costo realmente económico, tiene muchísimos usos. La versión más reciente ('09) de iLife incluye cinco programas que son excelentes para trabajar con las fotos (iPhoto), con el audio digital (GarageBand), con la música (iTunes) con el video digital (iMovie), con DVD (iDVD), y con la Red (iWeb). Una inconveniente notable es que las versiones '08 y '09 de iMovie sólo funcionan con las computadoras Macintosh G5 e Intel Core Duo y no con las computadoras de generaciones anteriores como ser la MacIntosh G4. Una fuente valiosa para aprender a usar los distintos componentes de iLife es Cohen, Wohl, Harrigton, y Plummer (2009). A continuación se dan los usos, características, compatibilidad e interfaz de iLife.

- Usos: de hecho, este conjunto de componentes sirve de foco para muchos de los quehaceres digitales que el usuario promedio va a hacer. Usos para segundas lenguas abarcan productos de audio y de video para los propósitos de conversación, debates, resúmenes de viajes e indicaciones para actividades docentes.
- Rasgos: viene con plantillas ya hechas y herramientas fáciles de usar para los distintos propósitos.
- Compatibilidad: iTunes es para las computadoras Windows y Macintosh mientras que los otros programas sólo sirven para las computadoras Macintosh.
- Interfaz: los programas están diseñados para trabajar en conjunto. Por ejemplo, las plantillas de iMovie son de la misma pauta que las de iDVD. Y es fácil emplear el audio (por ejemplo canciones) de iTunes y fotos de la biblioteca de iPhoto para usarse en iMovie.

La Figura 6 presenta las características básicas de los distintos componentes de iLife.

Componente de iLife '09	Características
iTunes	• Este software da acceso a la tienda iTunes en el Internet de donde se han vendido más de mil millones de canciones por un precio de noventa y nueve centavos cada una.

	• Hay subscripciones de tipo podcast (para la venta o gratis), blog, programas de televisión y películas. • Se usa para cargar la computadora de canciones, podcast y videos para luego traspasarlas al iPod. • La biblioteca de iTunes reúne las canciones, podcast, y programas de radio y videos que uno ha conseguido. La música se divide en listas según nombra el usuario.
iMovie	• Reúne una biblioteca para todas las películas. • Se repasan rápidamente los segmentos de video. • Se mueven y se juntan los segmentos de video fácilmente para hacer películas más largas. • Funciona con las nuevas cámaras digitales. • Se puede ver los segmentos producidos en… iPod, .Mac, YouTube, iPhone y HDTV.
iPhoto	• Están organizadas las fotos automáticamente por fecha y/o evento. • Se puede procesar las fotos (cambiar el tono de color, enderezar, recortar, aplicar efectos tipo Photoshop, y ajustar (niveles tipo Photoshop para contraste y nitidez). • Se repasan las fotos de cada categoría rápidamente. • Se comparten las fotos a través del Internet, se crean álbumes, tarjetas y calendarios.
iDVD	• Tiene muchas plantillas ya hechas que se pueden emplear al montar y grabar los DVD.

Garageband	• Comienza con "Magic Garageband" para grabar una canción. • Emplea la computadora como instrumento musical (con unos cien instrumentos). • Graba la voz e instrumentos musicales y guarda las partes favoritas. • Junta pistas diferentes, ajusta el volumen de las pistas, agrega efectos de audio. • Graba de alta calidad (24-bit).
iWeb	• Facilita el diseño del sitio Web con plantillas. • Emplea mapas de Google. • Abre nuevas hojas para fotos. • Incluye una hoja índice para álbumes y películas. • Usa un sistema de widget para tener acceso a información inmediata en la Red.

Figura 6: Características de los componentes de iLife '09

Nivel de dificultad de aprender a usar Apple iLife: fácil a moderado, según el programa. Los programas iTunes y iPhoto son los más fáciles de aprender a usar (según la Figura 5, correspondería al número 1), mientras que iMovie y Garageband requieren más estudio y práctica y según la Figura 5 (véase arriba), correspondería al número 2 o quizás al 3).

Costo: el precio por todos los programas incluidos en iLife es unos ciento treinta dólares ($130), un costo bien económico. Sólo iTunes se consigue gratis de la Red. Claro está, suben los costos si es que uno tiene que comprar una tabla o computadora más nueva para poder usar iMovie.

Otro producto parecido: iLife es un paquete único. Sin embargo, existen programas de software individuales para las plataformas Windows, como ser Windows MediaPlayer, que corresponden a uno que otro componente de iLife.

Preguntas

1. ¿Se acuerda usted del primer programa de software que aprendió a usar efectivamente? ¿Cuál fue? ¿Para que propósitos lo usó.
2. Haga una lista del software que actualmente más usa. Incluya el nivel de destreza (novato, intermedio, avanzado) para cada programa y su frecuencia de uso. (Busque más papel si hace falta.)

	Programa de Software	Nivel de Destreza	Frecuencia de Uso
1			
2			

3. ¿Cuál(es) de los programas descritos en este capítulo quisiera aprender a usar? ¿Cuáles serían los usos principales de ese software para usted?
4. Discute posibles usos de los siguientes programas de software para la enseñanza o aprendizaje de segundas lenguas:

Programa	Usos para la sala de clase
Microsoft PowerPoint (o Apple Keynote)	
Adobe Photoshop (o Apple Aperture)	
Adobe Premiere o (Apple Final Cut Pro)	

Actividad.

Use la siguiente figura para buscar y colocar información respecto a otro programa de software de alto calibre como Microsoft Word.

Nombre:	
Usos principales	
Requisitos de RAM	
Requisitos de almacenaje	
Dificultad de aprender a usar	
Costos de emplear	

Más que leer o escuchar lo que pasó, prefiero verlo con los propios ojos.

Capítulo 5: | **El video digital básico**

Este capítulo presenta un vistazo de lo que encierra el proceso de trabajar con el video digital, o DVE (sigla del inglés para "Digital-Video Editing"). Comienza con una explicación del proceso de DVE que abarca tanto el equipo que se usa como el procesamiento del video digital mismo. Luego trata varios puntos significantes que considerar para mejor llegar a los resultados deseados, y termina con un resumen de las ventajas que tiene el enfoque digital. Véase Sullivan (1999) para un resumen en inglés de mucho del contenido de este capítulo.

El video digital

No es de extrañar que el formato que se conoce como video digital trata datos de video como información digital. Al mismo tiempo trata datos de audio de calidad de disco compacto (o CD, sigla que viene del inglés, "Compact Disk"). Véase Rose (2000) para sugerencias respecto a la grabación del audio digital. DVE introduce el elemento digital con el hardware, con el software y con los cables necesarios para grabar, manipular y almacenar los segmentos de video. En resumidas cuentas, el video en su forma digital no es más que una serie de gráficos que corren tras la pantalla entre 15 y 30 imágenes por segundo (en inglés, "frames per second", o fps). Mientras más imágenes pasan por segundo, mayor es la resolución, y por eso mejor es la calidad de imagen y mayores los requisitos de almacenaje. Al igual que sucede con los textos digitales y con los datos gráficos digitales, se puede grabar, almacenar, manipular y copiar el video digital. Entre los usos actuales del video digital figuran varios usos para la multimedia, para la creación de videos musicales, y para usos en la televisión y la Red.

Bastante más popular en los últimos años, el éxito de DVE se debe primeramente a la alta calidad de imagen de este formato, ya que trabaja a una resolución más alta que la de los otros formatos de video a nivel de consumidor. También se debe al hecho de que el hardware que funciona con el software para producir y procesar el video de este formato ha resultado más económico y más fácil de usar que el que se usaba con el video analógico, como ser el formato VHS.

Además de su alta calidad a un precio módico, el video digital goza de otras ventajas, entre las cuales figuran un trabajo no-linear y la facilidad con que se cambia la resolución y el tamaño de imagen. Además, y gracias a los interfaces estándares de Firewire, USB y eSATA, la transferencia de video digital entre la computadora y el dispositivo de almacenaje magnético es rápida y sin grandes pérdidas de información digital.

Al considerar lo básico de este proceso, primero hay que explicar lo que abarca el término. A fin de cuentas, DVE es el proceso de tomar segmentos de video y usarlos para crear un producto de video nuevo. Simultáneamente se trabaja con el video y el audio (o sea, sonidos, música, y/o la voz humana).

Por regla general, los que trabajan con el video digital gastan su tiempo en ciertas actividades en un orden más bien específico.

Normalmente siguen los cinco procedimientos ordenados que se dan a continuación en la Figura 7. Los primeros dos comprenden la etapa de producción del video digital y los tres restantes comprenden la etapa posterior a la producción.

Procedimiento	Descripción de actividades
Etapa 1ª	Obtener los segmentos de video que van a usarse, sea de media comercial o privada o directamente de una grabadora de video.
Etapa 1b	Esforzarse para obtener un borrador (en inglés, "rough cut"): examinar todos los segmentos que podrían usarse; cargarlos a la computadora; cortar y ordenar los segmentos de video, así creando el borrador. Finalmente se revisa el borrador.
Etapa 2ª	Usar software para realzar el borrador al agregarle títulos, gráficos, fotos, audio, efectos especiales, y transiciones para luego almacenar los segmentos realzados. Aquí es donde se hace cualquier cambio de velocidad, de tamaño y de resolución.
Etapa 2b	Grabar el producto final (en inglés se dice "final cut") para tenerlo todo en una sola media, como ser la mini-DV o la DVD. Para esta etapa hay que rendir los segmentos individuales para poder montar el producto final.
Etapa 2c	Duplicar el producto final y distribuirlo.

Figura 7: El procesamiento del video digital

Las limitaciones de DVE. Actualmente el video digital tiene tres limitaciones que pueden ser significativas según y conforme el equipo que uno tiene a mano. La primera que se manifiesta tiene que ver con el tamaño de los afiches, que suelen ser muy grandes.

Un pugilato resulta entre el tamaño del afiche de video y la calidad de imagen, o sea, su resolución. Si bien es cierto, se busca resolver este problema al alcanzar una calidad de imagen aceptable para un propósito dado a medida que se conserva el tamaño del video a un mínimo aceptable.

Una segunda limitación que se encuentra con el video digital tiene que ver con la posible corrupción de datos en el disco duro, si es allí donde se guardan los segmentos de video digital. Por ser tan grandes estos afiches, la computadora necesita buscar el espacio accesible para almacenar grandes cantidades de datos digitales. Al almacenar los datos de video digital la computadora termina guardando partes del video en distintos sitios, lo cual puede interferir con el funcionamiento de programas de software que residen en el disco duro. Lo peor es que se afecte el sistema operativo de la computadora. En tal caso, habría que volverlo a cargar. Naturalmente, para evitar este problema, conviene guardar los segmentos de video en un disco duro aparte.

Una tercera limitación es que al procesar el video digital se pierde cierta información digital original. Entre algunos ejemplos de procesamiento figuran los siguientes: cada vez que se efectúan filtros, efectos especiales y transiciones en el video; y cada vez que se comprimen los datos digitales, especialmente para la Red.

Sistemas para trabajar con el video digital. El hardware y el software principal que se usan son específicos para procesar el video digital. Los sistemas para DVE son bien variados, según su costo, según su nivel de sofisticación y según su compatibilidad con otros sistemas. Por ejemplo, algunos sistemas son más bien propietarios y poco compatibles con el hardware y software de otros sistemas. Por otra parte, es posible comprar aparte cierto software DVE popular (como ser el de Adobe, de Avid o de Apple) que funciona con las computadoras más comunes con tal de que éstas sean robustas y equipadas adecuadamente. Además, hay que asegurar de antemano que sean compatibles los programas tipo plug-in adicionales que uno puede conseguir para complementar el uso del software DVE.

Existe una gran selección en cuanto a sistemas DVE, ya que hay sistemas carísimos como los hay más económicos . Aunque antiguamente la marca Macintosh tenía un monopolio virtual en este mercado, ahora se encuentran muchos sistemas buenos para las distintas versiones de Windows. Un sistema representativo consiste en una computadora robusta con almacenaje adicional interno y/o externo, un mínimo de 2GB de RAM, y un software apropiado para los propósitos de DVE. Claro está, con hardware periférica adicional se puede hacer un sistema más versátil, más rápido y más productivo.

Aunque hoy en día hasta los sistemas más económicos son capaces de producir video digital de alta calidad, los mejores sistemas son superiores en cuanto a:

- Existe mayor rapidez en general al procesar el video digital.
- Se permite su uso con las dos plataformas, Macintosh y Windows.
- Comprende una mejor calidad de imagen.
- Reduce el número de etapas para hacer ciertos procedimientos.
- Se puede volver para atrás, deshaciendo trabajo terminado que a uno no le gusta (o sea, se permite ver y trabajar con versiones anteriores del trabajo).
- Hay más pistas para manipular el video.
- Hay más pistas para trabajar el audio.
- Hay mayor sofisticación de herramientas al procesar el audio.
- Dejan procesar los efectos especiales y transiciones inmediatamente sin tener que rendirlos aparte.
- No necesitan software adicional tipo plug-in para aplicar efectos especiales.

Varios sistemas de video digital para la venta se pueden conseguir por entre mil dólares hasta más de doce mil dólares. Normalmente se compra una computadora con bastante fuerza procesadora. Puede ser una torre o el equivalente de una "Mac mini" con una o dos pantallas aparte, almacenaje y RAM adicional y finalmente el software para captar y manipular el video. Incluso muchos optan por una portátil bien potente para trabajar con el software más libremente fuera de la oficina o casa. En este caso haría falta un disco duro externo grande para el almacenaje de los segmentos de video creados.

Tan importante como el hardware es el software que controla el proceso desde las ideas originales hasta la creación del producto final. Cuatro compañías que ofrecen este tipo de software son Adobe, Apple, Avid y Media 100. Entre los productos de Apple figuran Final Cut Pro Studio y iMovie. El producto de primera calidad de Avid se llama Avid Media Composer (para Macintosh y Windows) mientras que el software correspondiente de Adobe es Adobe Premiere, que se incluye con el paquete universal "Creative Suite". Estos programas figuran entre los paquetes de software más usados por los profesionales, ya que dejan crear video en los siguientes formatos: video HD, DVD, Disco Blu-ray, película y para la Red. Avid Xpress, el producto de Avid más económico, igualmente sirve para procesar el video digital. Finalmente, Media 100, es un producto que ha salido en varias versiones y es menos conocido que los productos de Avid y Adobe. Se usa específicamente con las computadoras Macintosh.

Se puede apreciar la diferencia de precio que existe entre los sistemas DVE al examinar ciertos sistemas de la compañía Apple. En la Figura 8, que se presenta a continuación, se especifican algunas posibilidades que existen para esta plataforma para crear productos de video digital. La primera columna da la computadora y el software empleado para procesar el video digital, mientras que la segunda columna da una estimación del costo mínimo de cada sistema. En cuanto al uso de hardware, claro está, si uno desea almacenaje adicional y más RAM, sube el precio entre cientos a miles de dólares más. Es probable que se consigan otros sistemas para las computadoras tipo Windows de precios que suelen ser relativamente más baratos.

Sistema DVE	Costo Mínimo Estimado
MacBook con iLife	$1.100 - $1.500+
MacBook Pro con iLife	$1.900 - $2.700+
iMac con iLife	$1.250 – $2.250+
MacPro con pantalla de veinte pulgadas con iLife o Final Cut Pro Studio (versión académica)	$3.000 -$4.000+
MacPro 2 x 2 o 4 x 2 procesadoras tipo intel core, 2 discos duros grandes, tarjeta especial de video de 512MB, 8GB de RAM, dos pantallas de 30" con software Final Cut Pro Studio	$8.000 - $12.000+

Figura 8: Los costos de algunos sistemas de DVE (Apple)

Realzando el sistema básico de hardware

Una vez que se haya adquirido un sistema DVE apropiado, además de RAM adicional hay mucho hardware periférico adicional que se podría agregarle para realzar el sistema, especialmente en el caso de los sistemas más básicos: una tarjeta de video de mayor calidad, pantalla(s) más grande(s) y de mayor resolución, parlantes externos, y uno o más discos duros.

Una cámara de video digital. Para la primera etapa de DVE, o sea la etapa de producción, el hardware que más hace falta es una cámara de video. En el próximo capítulo se presentan dos máquinas específicas, una grabadora de video digital que además saca fotos, y una cámara digital que también graba video. Al grabar los propios segmentos de video, se saca video que viene al tema deseado y al mismo tiempo se evitan posibles problemas de derechos de autor.

Discos duros adicionales. Un sistema de almacenaje magnético en forma de uno o más discos duros hace falta para guardar y editar esos afiches grandes de video. Internos o externos, los discos duros vienen con cada vez más capacidad de almacenaje. Por muchos años los profesionales usaban los discos duros SCSI (véase el glosario) que giraban a diez mil (10.000) rotaciones por minuto (rpm). Con la llegada de los discos duros más baratos tipo ATA, SATA, eSATA, USB y Firewire, los profesionales y aficionados de video han podido trabajar sin pérdida de imágenes mucho más barato y con una transferencia de datos digitales hasta dos veces más rápido que antes. Si uno tiene un solo disco duro en la computadora, convendría agregarle uno o más adicionales internos y/o externos que son más rápidos que los que vienen con la computadora cuando sale de la fábrica. Además, esto deja guardar el video en un disco duro que no sea el que tiene el sistema operador de la computadora. Al separarse, se protege el sistema de arranque de la computadora de una posible corrupción causada por los afiches grandes de video digital.

Una segunda pantalla. Con una segunda pantalla, se emplea la primera pantalla para abrir los afiches originales y las ventanas del software principal. Esto deja la segunda pantalla libre para ver el producto de video y las herramientas principales que se usan para procesar el video.

Una DVR. Si uno va a procesar mucho el video digital, no conviene pasarse en el uso de la cámara de video digital para estos fines, ya que puede malograrse con mucho uso. En su lugar, conviene tener una máquina que funciona como las VCR pero que toca y graba en forma digital con disco duro, con cinta DV, mini-DV o con otra media digital. O sea, una grabadora de video digital (DVR en adelante). Entre las DVR más comunes figura una clase que se conecta con la computadora y toca y graba video digital como la Sony DSR-40 (con interfaz Firewire). Otra clase de DVR recibe señales de televisión y toca y graba en forma digital como los sistemas TIVO y EyeTV.

Uso del equipo analógico. Algunos profesionales siguen incorporando media en el formato VHS (una cinta analógica) en sus productos. En este caso y para los propósitos de DVE hace falta otra etapa en el proceso. Hay que digitalizar el video analógico que viene de la máquina VHS para trabajar con él en la computadora. El producto final de video se puede guardar en cinta DV (o mini-DV), en DVD o propiamente en VHS. Para aquellos que trabajan con esta media, es preciso tener una grabadora VHS para transferir el video original y para grabar el producto final en el formato analógico. En estos casos convendría tener una pantalla analógica para ver el video VHS (a menos que se trabaje con un sistema tipo TIVO o EyeTV, que convierten las señales analógicas a señales digitales). Así se ven los segmentos de video analógicos originales y el producto final en el formato deseado. Sin embargo, dentro de lo posible, el autor recomienda sólo usar segmentos de video digital en los proyectos (véase el Capítulo 6 de este libro).

Parlantes. Con la posibilidad de audio digital de alta calidad, no conviene que los parlantes sean el eslabón más débil en la cadena de hardware. Unos parlantes de alta calidad realzan el sonido del audio del sistema y definitivamente figuran entre el hardware periférico valioso. Muchas computadoras ya vienen con una tarjeta u otro interfaz para conectar parlantes adicionales. Como mínimo, se puede conseguir unos parlantes estereofónicos a un costo módico que tienen su propia fuente de poder y que son mucho mejores que los que vienen instalados en la computador al llegar de la fábrica.

Por otra parte, se puede convertir la computadora en un tremendo equipo de sonido con un sistema de "surround sound" 4.1 o 5.1 al conseguir una batería de parlantes enchufada a una tarjeta especial para el audio. Claro está, en algunos casos estos sistemas no son compatibles con toda computadora. En otros casos habría que comprar una tarjeta especial para poder incorporar ciertos sistemas de sonido.

Una cámara digital. Se usan las cámaras digitales para sacar fotos de alta resolución para captar gráficos para su uso en el video digital. Aunque muchas máquinas de video digitales pueden usarse para sacar fotos, en general las cámaras digitales sacan mejores fotos. El Capítulo 2 trata este hardware y sus usos más a fondo.

Soluciones de tipo software

Tan importante que es hardware, así es de importante el software para componer el sistema básico de DVE. Y así como los dispositivos periféricos adicionales pueden realzar el sistema DVE, con soluciones de software adicionales también se puede realzarlo, especialmente en el caso de los sistemas más básicos. Muchas veces el software DVE está diseñado para trabajar con un conjunto de programas de software, como es el caso con los productos de Adobe y de Apple. Muchas de estas soluciones son estándares para los

Programa	Uso
Adobe AfterEffects; Apple Motion; Artel Boris Effects	Crear niveles de video, animar imágenes gráficas, hacer títulos digitales y otros efectos especiales. ¡Ojo! Hay que averiguar de antemano la compatibilidad del software plug-in con el sistema DVE en uso.

Adobe Illustrator	Crear gráficos, ilustraciones y títulos.
Adobe Dreamweaver; Apple iWeb	Emplear el producto de video en páginas para la Red.
Adobe Photoshop	Crear imágenes y realzar fotos para componer títulos y gráficos.
Microsoft PowerPoint; Apple Keynote	Emplear el producto de video en informes electrónicos con el video.

Figura 9: El uso de software adicional con DVE

propósitos que tienen. Además existen programas de software tipo plug-in que realzan la versatilidad de estos programas. La figura 9 (arriba) presenta algunos de estos programas junto con sus usos. Se venden individualmente o empaquetados con otros programas de software y/o hardware. Suelen haber precios académicos y versiones reducidas para estos programas.

Asuntos importantes en el proceso de DVE

Hay varias consideraciones importantes que los profesionales toman en cuenta antes de comenzar a trabajar con el video digital. Estas tienen que ver con el procedimiento básico, con el uso del hardware, con la selección de software y con el apoyo técnico.

El procedimiento. En cuanto al proceso de DVE, hay un par de asuntos que se suelen mantener en mente. Primero, el proceso de DVE anda más suave cuando se trabaja con segmentos de video digital más bien cortos, por cierto, y no mucho más de dos o tres minutos por segmento. Segundo, al comenzar a trabajar con el video digital, se recomienda empezar de una forma sencilla, aprovechando la tecnología de que uno disponga. Y tercero, conviene evitar usar materiales analógicas.

El componente hardware. Hacerle caso omiso de las

características del hardware puede resultar ser muy caro. Por eso, hay que ser cauteloso con la selección y montaje del hardware. Tomemos como ejemplo el subsistema de almacenaje, que puede ser un tanto embromado. Al almacenar grandes afiches de datos digitales hay que pensar en la compatibilidad, el tipo, la velocidad y el tamaño del disco duro que se usa. Además, para más velocidad de transferencia de datos conviene tener un sistema RAID que transfiere los datos digitales a varios sectores de uno o más discos duros al mismo tiempo. Y, algo muy importante que ya se ha mencionado, generalmente no es buena idea guardar los segmentos del video digital en el mismo disco duro que ocupa el software sistema de arranque de la computadora.

Aunque muchas computadoras hoy en día son capaces de emplear varios programas de software al mismo tiempo, lo ideal sería tener un sistema dedicado puramente al video digital. En todo caso, no es mala idea conseguir uno o más discos duros para otros propósitos, como ser guardar y aislar música y fotos si es que se tiene grandes colecciones.

No hay que olvidarse de la importancia de emplear suficiente memoria RAM para el procesamiento del video digital. Un mínimo de unos 2GB de RAM para este propósito es imprescindible, habiendo sistemas que actualmente aceptan hasta 32GB de RAM.

Otro punto clave en cuanto a hardware es el tipo y cantidad de puertos, ranuras o interfaces (PCI, USB, Firewire y eSATA) que tiene la computadora para el hardware periférico, y en particular los discos duros y las pantallas adicionales.

Finalmente, conviene mencionar algo acerca del apoyo técnico. Las compañías no dan apoyo técnico si es que uno compra e instala hardware que no ha sido probado y aceptado para uso con sus sistemas específicos de DV. Entonces, convendría revisar previamente con representantes técnicos de la compañía que trabajan con el sistema a diario antes de comprar y mezclar componentes de hardware.

La selección de software (adicional). Desde luego hay que tener cuidado con la selección de software que uno pretende usar. El uso de software adicional puede realzar el sistema o puede pararlo en seco. Hay que tener cuidado especial de no cargar versiones antiguas de software con un sistema nuevo que uno va montando. Además, el software que funciona perfectamente con cierta computadora puede que no funcione, o por lo menos no perfectamente, con una versión más nueva de computadora. El ejemplo que ya queda mencionado: aunque los otros componentes de iLife '08 y '09 funcionan perfectamente con las computadoras Macintosh G4, para usar iMovie '08 y '09 hace falta tener una computadora G5 o más nueva. De igual manera hay software que funciona bien con Windows NT, pero no es compatible con Windows 95/98. Basta que sea un poco más rápida la computadora nueva para que haya problemas de compatibilidad. Lo que es más, a veces basta actualizar el sistema operativo para que no funcione (bien) el software DVE instalado. Con el tiempo se puede arreglar tales problemas. Pero más vale evitarlos dentro de lo posible porque se demoran las compañías de hardware y software en remediar los problemas de compatibilidad por el tiempo y dinero que se requiere.

Un segundo posible problema tiene que ver con la selección de software adicional de otras compañías. Por un lado, para algunos sistemas este software es redundante y no necesario. Desde un comienzo hay que asegurar de que sea necesario y compatible este software con la computadora que uno va usando. Además, hay quienes que se han quejado del tiempo que se requiere para instalar y aprender a usar el software adicional.

Un tercer problema tiene que ver con los derechos de autor. Hasta en los círculos académicos hay que seguir al pie de la letra las licencias que vienen con el software para evitar problemas legales.

El apoyo técnico. Finalmente, al igual que con la selección de hardware, conviene mencionar algo acerca del apoyo técnico. Ya que las compañías tampoco dan apoyo técnico si es que uno compra e instala software que no ha sido probado y aceptado para uso con el sistema de DV, muchos no van a gastar dinero en software adicional sin previo chequeo con representantes técnicos de la compañía que trabajan con el software a diario.

Las ventajas que tiene el video digital. Para concluir este capítulo toca resumir las ventajas del video digital: es mucho más económico, funciona mejor, y es más confiable que el video analógico. Hace años ya que los sistemas digitales han sido mucho más económicos que los analógicos, con muchos sistemas DV costando una décima parte de los analógicos de una misma calidad de producto. Ahora con la tecnología Firewire y USB y las grabadoras de video digitales nuevas mejores y más económicas ofrecen una calidad alta a un precio bajo. Lo que es más, estos sistemas económicos ya se acercan en calidad de producto a sistemas estándares de la industria.

Una segunda ventaja que tienen los sistemas DV es que el video digital se comprime fácilmente para luego transferirse y almacenarse muchas veces más rápido que el video analógico.

Una tercera ventaja tiene que ver con la calidad de los datos transferidos. Al trabajar con el video, parte del proceso es copiar segmentos de video. Con el video analógico hay una pérdida generacional significativa de calidad de imagen cada vez que se copia. Con el video digital es que no hay tal pérdida de calidad al copiar el video. Un sistema completamente digital en el cual se copia la información de cinta digital a la computadora y de vuelta a cinta digital o a DVD mantiene la calidad original de imagen.

Preguntas

1. En resumidas cuentas, ¿en qué consiste el video digital?
2. ¿Cuál es el equipo de hardware mínimo que se requiere para editar el video digital?
3. ¿Cuáles son las etapas principales en el proceso de procesar el video digital?
4. ¿Cuál es la diferencia esencial entre los procedimientos de las etapas de producción de video y las etapas posteriores?
5. ¿Cuál de las limitaciones de DVE se puede remediar con más almacenaje?
6. ¿Es una buena idea estar guardando los segmentos de video en el mismo disco duro en que está el sistema operativo? ¿Por qué sí o por qué no?
7. ¿Por qué hay que tener cuidado con emplear software adicional de distintas compañías al mismo tiempo para complementar el sistema de DVE?

Actividad

Si es que usted tiene acceso a una grabadora de video digital (o una DVR) y de un sistema de DVE (por sencillo que sea), produzca un corto documental de un tema interesante. Luego comente las etapas de DVE que usted empleó.

Hay más de una manera de despellejar un gato, y hay más de una manera de adquirir segmentos de video digital.

Capítulo 6: La adquisición de segmentos de video digital

Introducción

Sean cuales sean los propósitos videográficos finales, películas para DVD, video para multimedia, o segmentos de video para el Internet, todos somos capaces de captar nuestro propio material videográfico original. Lo que sigue consiste en una fuente de información destinada a ayudar al videógrafo aficionado a captar segmentos de video de excelente calidad al evitar problemas y gastos innecesarios. Este capítulo comienza con una presentación de la captura del video digital, sigue con una presentación de algunas características de un par de máquinas capaces de grabar el video digital y termina con una serie de consejos para gobernar el trato del video digital. La información que abarca este capítulo, las técnicas y las posibilidades presentadas no sólo sirven para grabar el video, sino para propósitos de la fotografía digital también. Este capítulo es el producto de una combinación de experiencias personales, de mucho sentido común, y de comentarios y sugerencias de amigos y de colegas.

Captando el video digital y asegurando su calidad
El capítulo previo presenta las etapas que comprenden el proceso de procesar el video digital. La grabación del video digital es la primera y según muchos colegas, la etapa más importante en el proceso de manipular el video (véase Rule, sin fecha). Anteriormente muchos veían la grabación original de video como el uso de una computadora con una tarjeta y conectores especiales para digitalizar señales analógicas (e.g. tipo VHS). Sin embargo, esto representa sólo una de varias maneras de adquirir segmentos de video digital. Una segunda manera es la compra de segmentos de video comerciales ya tomados y guardados en DVD o en el Internet. El enfoque central de este capítulo es una tercera posibilidad: la grabación original de video a través de una grabadora de video digital, de una cámara digital o incluso de un teléfono celular. Claro está, esto implica la adquisición de un equipo grabador, tiempo y gastos de viaje, un conocimiento básico del proceso de grabar, quizás un guía y un poco de práctica.

Entre las distintas maneras de conseguir el video digital, grabando el propio video resulta ser una alternativa favorable comparada con la compra de video existente ya captado por otros o la de digitalizar materiales grabados en otro formato más tradicional como ser el de VHS. Véase Currier (1996) para más información al respecto. En primer lugar, cuando uno mismo hace la grabación, existe mucha flexibilidad en cuanto a la selección de temas. Además, al grabar el propio video, no hay que preocuparse de los asuntos de derechos de autor. Finalmente, y de mucha importancia, uno mismo determina hasta mayor grado un control considerable de la composición y resolución, o sea, la calidad de imagen.

Conviene anotar que en lo que le toca a la adquisición de segmentos originales de video, una vez grabado el video, es difícil si no imposible mejorar su calidad. Un video original incompleto o de mala calidad complica mucho el proceso, alargando el tiempo que hace falta para terminar cualquier proyecto. Claro, se puede hacer ciertos cambios, pero difícilmente se puede mejorar la calidad general de un segmento de video mal tomado. Lo que es más probable y al igual que pasa con las imágenes digitales en general, mientras más se procesa un video, más se pierde información digital original.

Controlando la calidad de la grabación. A esta altura, muchos de nosotros hemos grabado videos de la familia, de las vacaciones y de los niños en sus actividades extraescolares. Aunque nos sentimos orgullosos del prole o de haber costeado unas vacaciones fantásticas, hasta cierto punto nuestras grabaciones tienden a resultar falladas. Como aficionados, solemos grabar videos que duran más de la cuenta, que tienen escenas que están fuera de foco con imágenes movidas y poco claras, que tienen mucho contenido que está de más y que demuestran una mala calidad de audio. En cuanto al aspecto visual de las imágenes, éstas suelen tener problemas debidos a una falta (o exceso) de luz, debidos a los ángulos de toma poco deseables, y debidos al mal uso o exceso de uso del zoom. Y lo que es más, muchas veces los que miran los videos tienen poco interés en nuestros temas. A la larga, de alguna u otra manera el auditorio compara la calidad de nuestros productos con la de otros que han visto: películas recientes, las noticias de CNN o documentales especiales hechas para la tele. El resultado suele ser que nuestros queridos videos quedan recolectando polvo en el estante.

Claro está, e incluso después de mucha práctica, rara vez se queda satisfecho uno con la primera toma de un video. Tampoco nuestros productos siempre van a compararse tan favorablemente con los productos comerciales que están para la venta. No es de extrañar, entonces, que muchos aficionados con frecuencia se encuentran con problemas al grabar el video de una entrevista, de una clase, de una fiesta de cumpleaños, de un partido de fútbol, de una conferencia, de una ceremonia de graduación o del paisaje vista desde la ventana de un auto o de un tren.

Hay mucho que se puede intentar para asegurar una mayor

calidad de producto final. Y no todo tiene que ver con la grabación misma. Por ejemplo, antes de apretar el botón para grabar un video conviene tantear el ambiente. Y lo más importante al respecto es averiguar la cantidad de luz presente. La luz es importante porque determina la claridad y contraste de imagen. Aunque muchos profesionales emplean distintas características de la luz existente y de una luz artificial para efectos especiales, los aficionados tratamos de limitarnos al comienzo por lo menos, a grabar bajo condiciones de una luz existente adecuada. Por eso hay que averiguar de antemano si hay luz suficiente, mucha luz en general o mucha luz en el fondo, sombras molestosas o reflejos. Estando al aire libre un día de mucho sol, es más probable que haya demasiada luz, especialmente en los objetos blancos y relucientes. Estando puertas adentro, hay que asegurar de que haya luz suficiente, y muchas veces es preciso ingeniárselas para que haya luz suficiente. Por otra parte, las cámaras de video son más poderosas al grabar bien en condiciones de poca luz. Y muchas de estas máquinas tienen ajustes para bajar la cantidad de luz que entra al obturador. Al mismo tiempo, uno busca maneras de evitar que estén presentes personas ajenas al proyecto y de bajar o eliminar los ruidos que pueden interferir con la grabación del audio.

Enfocar los sujetos que se mueven cuesta más que enfocar los sujetos inmóviles. Este es el proceso de mover la grabadora de video de un lado a otro de tal manera que se mantiene en la misma posición en el visor el sujeto que está en movimiento (en inglés, "panning"). Se recomienda emplear un movimiento lento y suave al seguirle la pista al sujeto. Como con otras técnicas, ésta requiere práctica para alcanzar los resultados deseados. En todo caso resulta más fácil el proceso con un buen trípode.

Hasta con las tomas bien visualizadas, no es tan fácil captar un segmento de video de alta calidad. Hay que pensar en puntos como los que se dan a continuación: ¿Va a ser natural o fabricada la escena? Si va a ser fabricada, ¿Qué es lo que hay que hacer para que parezca un tanto más natural? ¿Cómo se asegura de que el foco del objetivo se vaya a mantener fijo? Hasta suele haber problemas con el foco automático, con el uso del zoom y con el objetivo de gran ángulo (también se dice objetivo de ángulo ancho), con la estabilidad de la toma, y con la calidad del audio. Sugerencias para tratar de mantener un alto nivel de calidad para estos puntos se dan abajo.

Dos máquinas capaces de grabar el video digital: La Canon XL1 y la Fujitsu 9500S

Hoy en día se puede conseguir un sinfín de máquinas de video digital por el precio de una cámara fotográfica digital compacta. O se puede pagar miles de dólares por una grabadora de video y miles más por uno o más objetivos intercambiables compatibles. Hasta hay trípodes y otros accesorios que valen más que algunas grabadoras digitales. De distintos precios, tamaños y diseños, las máquinas de video en su mayor parte son portátiles y relativamente fáciles de transportar y usar. Graban un audio estereofónico de calidad de CD, y gozan de una excelente resolución. Son compatibles con los interfaces "Firewire" y/o USB, y pueden transmitir el video y el audio a alta velocidad sin pérdida significante de calidad de imagen al copiar los datos a una grabadora que procesa el video o a un sistema de manipular el video digital a base de una computadora. Las dos máquinas que han sido seleccionadas para los propósitos de este capítulo son la Canon XL1, una grabadora de video digital del formato mini-DV, y la Fujitsu 9500S, una cámara digital que viene con tarjetas de memoria. Han sido escogidas entre los cientos de máquinas por el mero hecho de que son las que ha usado el autor para sus propósitos personales y profesionales.

La Canon XL1. Una grabadora de video digital versátil que se ve en uso tanto por videógrafos aficionados como por profesionales es la Canon XL1. Aunque otras máquinas de grabar video digital se han comparado favorablemente en revistas profesionales con esta máquina, la XL1 sigue siendo una excelente grabadora de video. Esta grabadora de video digital apareció en su primera versión en 1998 y se hizo famosa por el hecho innovador de que incorpora un sistema de objetivos intercambiables, y hasta usa los lentes estándares de Canon (con el uso de cierto accesorio, por supuesto). Comparando la Canon XL1 con otras máquinas de video digital, este modelo generalmente se considera más estable y más versátil que otros modelos, y es a la vez más caro y menos portátil (los puros objetivos intercambiables son tan grandes como algunos otros modelos de grabadoras digitales).

La Canon XL1 emplea el formato "mini-DV" para grabar. Este modelo viene con tres elementos que se llaman "CCD" (véase el Apéndice A) y por eso los resultados salen bastante buenos en condiciones de poca luz. La Canon XL1 manifiesta un visor LCD que tiene un ajuste de dos distancias. El único problema que se ha encontrado con este modelo ha sido el hecho de que se daña el visor al ponerse en contacto con el sol directo. Así que hay que tener cuidado y para proteger el visor del sol. Como es el caso de muchas otras grabadoras de video digital, la Canon XL1 también saca fotos. Para este propósito ocupa cuatro segundos de cinta Mini-DV para guardar cada foto.

El costo elevado de la Canon XL1 en parte se debe al hecho de que un objetivo zoom intercambiable de 16X y estabilizador óptico de imágenes vienen con esta máquina. Además, existen otros objetivos que se pueden comprar para la Canon XL1. El más popular y práctico de éstos es el objetivo de gran ángulo 3X. Este objetivo es ideal para grabar dentro de una sala de clase y en otras circunstancias que abarcan espacios limitados. Como en el caso del objetivo 16X, el 3X viene con el sistema ND (véase abajo) que sirve para aminorar la cantidad de luz brillante que entra por el objetivo. Y se puede incorporar un accesorio que permite usar cualquier objetivo de marca Canon EOS. Otros accesorios para la Canon XL1 incluyen un control remoto que se usa con trípode, un magnificador de lente de 1.6X, filtros, y cargador doble de pilas.

La Fujitsu 9500S. La segunda máquina que se comenta aquí es la Fujitsu 9500S. Esta cámara es una de muchísimas posibles máquinas que sirven primero para sacar fotos digitales y segundo para sacar segmentos de video digital más bien cortos. Es mucho más pequeña que la Canon XL1, cuesta una décima parte, y usa las pilas más comunes, las AA. Puede incorporar varios tipos comunes de tarjetas de memoria que comienzan en unos 16MB y llegan hasta 4GB o más. Una memoria de 2GB permite sacar y guardar unas 900 fotos con una resolución de 9MB o casi media hora de video digital.

Buscando un buen y fácil uso con las máquinas de video

Teniendo a mano el hardware necesario, hay varias cosas que se puede hacer para tratar de facilitar su uso y evitar algunos de los problemas más comunes. Lo que sigue son algunas posibilidades a este respecto. Las primeras tienen que ver con el uso de ciertos accesorios, luego pasa a ideas para el buen uso de las cámaras, a ideas para evitar ciertos problemas y finalmente a ideas para procesar el video digital.

Accesorios. Muchos incrementan el valor real de la inversión en el hardware a través de la adquisición de más hardware en la forma de accesorios prácticos. Por ejemplo, para una máquina fotográfica digital, a veces conviene tener objetivos adicionales (si es que éstos se permiten), filtro UV, tapa para proteger el objetivo, estuches o cajas protectoras, una cargadora (doble) de pilas, dispositivo para audio profesional, y un buen trípode.

Los audífonos (auriculares). Si se quiere, los audífonos que se usan para escuchar el iPod en particular y la música en general son excelentes para monitorear el audio al grabar con una grabadora de video. Por motivos de seguridad personal, no estaría de más asegurarse de que se pueda escuchar los sonidos ambientales en caso de que haya algún peligro, como cuando uno saca fotos de bisontes en el parque nacional de Yellowstone u osos en Denali.

Las cintas digitales. Aunque parezca poca cosa, algunos profesionales recomiendan usar cintas (por decir cintas mini-DV) nuevas para grabar y trabajar con los segmentos de video digital y para luego trabajarlos. Según dicen algunos expertos, esto mantiene más limpias las piezas (cabezas) grabadoras y resulta en tomas más nítidas. Lo que es más, algunos videógrafos mantienen que sacan mejores resultados al comprar y usar las cintas que son de marcas de alta calidad. Y aunque parezca raro, hay quienes tienden a quedarse con una sola marca de cinta. Otras consideraciones en cuanto a cintas de video digital incluyen:

- Conviene asegurarse de tener cintas de duración necesaria.
- Que el formato de las cintas sea el correcto (por ejemplo, Hi-8, Mini-DV o DV).
- Que se protejan las cintas valiosas para que no se grabe encima de tomas importantes (hay una palanquita que se empuja para el lado para este propósito).
- Que se marquen de alguna manera las cintas grabadas.
- Que se boten las cintas que ya no se usan.
- Que se tenga a mano suficientes cintas en blanco .

Las pilas. A veces duran años las pilas sin tener que cambiarlas. Otras veces duran muy poco. Hay que comprar pilas que tienen una fecha de vencimiento de años en el futuro. Y sin excepción, para evitar pilas gastadas en el momento clave, conviene tener pilas adicionales a mano. Sean pilas desechables o pilas recargables, no hay nada peor que llegar al sitio de toma con todo menos que pilas usables. Finalmente, se recomienda sacar las pilas de las máquinas una vez que ya no se van a usar por algún tiempo. Esto evita que las pilas gotean dentro de las grabadoras y así echando a perder las mismas máquinas.

Un trípode. Ahora bien, todo profesional sabe que para tener fotos y video nítidos hay que procurar mantener estable y firme la máquina. Sin trípode es difícil mantenerla completamente rígida, resultando en imágenes movidas, especialmente con sujetos que están muy de cerca o muy lejos. Los segmentos de video movidos no sólo se ven mal, requieren más trabajo al procesarlos. Como en el caso de la fotografía digital, se recomienda usar un trípode en la vasta mayoría de las circunstancias para la videografía digital. Y ya que las máquinas de video digital pueden ser más grandes que las fotográficas, lo más importante para considerar al elegir un trípode es que sea lo suficientemente firme para sostener de una manera segura la máquina que se anda usando. Además, el trípode debe permitir el movimiento de la cámara de un lado a otro sin trabas. Se lubrica la parte superior (la cabeza) de algunos trípodes cuando hace falta. Normalmente se consideran mejores las cabezas que contienen una sustancia líquida por su fluidez de movimiento y porque no necesitan lubricarse. Por motivos obvios, es mejor no usar un trípode que se traba al moverse de un lado a otro.

Sin embargo, a veces no hay alterativa, como es el caso cuando se está de viaje. Por los límites de equipaje impuestos debido a la comodidad de viajar, al itinerario establecido o al presupuesto, sencillamente no cabe un trípode dentro del equipaje más esencial. A falta de un trípode y en busca de remediar la situación, se puede experimentar con un control remoto, teniendo cuidado donde se coloca la máquina. Otras veces se puede conseguir un accesorio para la mano o para el hombro que estabilice la toma. Además, las máquinas vienen cada vez más con sistemas estabilizadores buenos para reducir las probabilidades de imágenes movidas. Claro está, estos sistemas no siempre funcionan a pedir de boca, y en particular hay problemas con ciertos magnificadores agregados si el objetivo es intercambiable. En todo caso, mientras más relajado esté uno, menos se mueve la máquina al sacar fotos o video, y por eso menos movidas resultan las tomas.

Un filtro UV para el objetivo. Cuando compatible, se recomienda el uso de un filtro UV de vidrio para proteger el objetivo de los rayos UV del sol. También sirve para mantener el objetivo libre de ramas, tierra, polvo y arena, cosas que pueden rayarlo. El autor no ha notado ninguna diferencia visual al usar este tipo de filtro.

Un filtro de polarización para el objetivo. Este accesorio es otro filtro de vidrio versátil. Se usa tanto para proteger el objetivo como para bajar el reflejo del sol y mantener colores naturales.

Un filtro ND (sigla que viene del inglés, "negative density"). Este accesorio es otro filtro de vidrio. Se usa tanto para proteger el objetivo como para acortar la luz excesiva de sol que les da a los motivos blancos y relucientes.

Objetivos (intercambiables) adicionales. Si la máquina permite el uso de objetivos intercambiables, conviene tener un segundo objetivo que le haga juego con el que vino con la máquina. Por decir, si vino con un objetivo zoom de 16X, entonces sería una buena adquisición un objetivo de ángulo más ancho para tomar motivos que están más de cerca.

Magnificadores de objetivo. De igual manera, si es compatible el uso del accesorio que es para aumentar la potencia del objetivo, en lugar de gastar mucho dinero en otro objetivo, se puede agregar este dispositivo. Un magnificador de 1.6X, por ejemplo, convierte el objetivo 3X en uno de 4.8X y convierte un objetivo zoom de 16X en un zoom de 25X.

Consideraciones para la selección y cuidado de la grabadora o cámara digital

Habiendo tantas posibilidades de máquina entre las cuales elegir, conviene limitar la selección. Abajo se dan algunas consideraciones que repasar antes de decidir comprar una grabadora o cámara digital.

El tamaño de la grabadora de video. En cuanto a gustos, no hay nada escrito. Hay quienes prefieren los modelos más pequeños, más portátiles para poder llevarlos fácilmente a todas partes. Las ventajas de una máquina más chica: son más ligeras y más fáciles de maniobrar, de asegurar y de esconder en caso de estar en un área donde abundan los maleantes. Además, estos modelos generalmente son más baratos y no hay que gastar un dineral en la adquisición de accesorios. La ventaja principal de los modelos más grandes es que son más estables, o sea, una vez que estén instalados con un trípode adecuado es realmente difícil que se caigan por accidente. Claro está, habría que pensarlo dos veces si vale la pena o no acarear una Canon XL1, por decir, con un objetivo adicional y su trípode pesado por el parque zoológico por tres o cuatro horas.

Transportando la grabadora de video digital. La grabadora es especialmente vulnerable al transportarla. Al transportar la grabadora de video, una preocupación debería ser la de no dejarla caer al suelo, al río, o a la jaula del gato montés. Pero de pasar uno de estos infortunios, no sería ni la primera ni la última vez. Hay varios procedimientos que se pueden seguir para aminorar las probabilidades de que pase alguna desgracia de este tipo. Para evitar que se caiga la cámara o si se deja caer para evitar posibles daños serios, lo primero que se puede hacer es gastar en un estuche o caja de algún material perdurable, como ser el aluminio, y usarlo al transportar la máquina. Fuera del estuche, conviene usar la faja diseñada para colgar la máquina del hombro. Al asegurar firmemente la máquina en una mano, nunca está de más usar esta faja como segundo punto de apoyo, especialmente al estar subiendo cuestas, pasando por arroyos, trepando árboles y bajando senderos rocosos.

El foco automático. Puede ser engañoso el uso del foco automático. Por automático que sea el foco, al usar esta función, habrá veces en las cuales momentáneamente se sale de foco el objetivo. Normalmente sucede esto cuando el objetivo busca el mejor foco. Es posible que el foco automático salga de foco en las siguientes circunstancias: al moverse la máquina durante la grabación; cuando hay cambios en el campo visual de la toma; cuando se graba muy de cerca o muy de lejos y cuando se usa el zoom. En estos casos, y para aminorar el problema de foco, más vale usar el trípode y quizás experimentar con el foco manual. Y por supuesto, si es posible, sacar varias tomas.

Problemas relacionados con el medio ambiente. Los videógrafos serios conscientemente tratan de proteger su equipo. Además de seguir unos consejos generales de seguridad personal, es preciso tomar precauciones para combatir posibles problemas ambientales. Uno de los problemas más graves que hay que evitar es la exposición de la máquina a la humedad al trabajar donde hay condiciones de humedad como la lluvia, mucho rocío, espuma de mar, ríos y lagunas, marea en subida, selvas pluviales o tropicales, y ciénagas. Hasta la traspiración de uno (sobretodo en las zonas tropicales) puede dañar la máquina. Algunos videógrafos sencillamente no usan su equipo bajo estas condiciones. Otros emplean bolsas de plástico, papel plástico, o artefactos especiales comprados o hechos a mano para mantener el equipo completamente seco. Durante el transporte y almacenamiento del equipo se suele usar los famosos paquetes de desecante que vienen con los equipos electrónicos nuevos.

Otro problema que hay que evitar, especialmente con ciertos modelos de máquinas fotográficas y grabadoras de video, es el quemazón del visor LCD. La solución es fácil: evitar que el sol le llegue al visor. Además, ya que los objetivos sirven de lupa, hay que evitar que el sol entre directamente al objetivo.

Finalmente, con cambios bruscos de temperatura, por decir pasando del frío al calor o a la inversa, hay otro problema resultante. Con el cambio brusco de temperatura se forma humedad en las piezas internas metálicas. La solución es fácil, aunque hay que tener un poco de paciencia: es necesario dejar que las máquinas de video se ajusten a la nueva temperatura ambiental antes de comenzar a grabar. En estos casos se recomienda esperar una hora, más o menos, para evitar posibles daños a la cabeza grabadora.

La calidad del audio grabado. Al grabar ciertos eventos (por ejemplo al grabar espectáculos en auditorios grandes), muchas veces es sumamente difícil conseguir un audio de alta calidad. La distancia a la fuente del audio, problemas acústicos del lugar, conversaciones y ruidos ajenos, en fin, puede haber mucho que interfiera con la calidad del audio. Una solución común es la de conectar el interfaz que tiene el audio de la grabadora digital directamente a la fuente original de audio con el fin de grabar el audio a medida que se va grabando el video. Por supuesto, algunas grabadoras de video requieren un hardware especial para la conexión. Otra alternativa es grabar el sonido aparte. La ventaja de hacerlo así es que al apagar el audio en la grabadora se reduce el tamaño de los afiches, y según dicen algunos, se sube la calidad del video. También se puede probar con el audio comercial (música, por ejemplo) en CD o DVD para usarlo en el producto de video (siguiendo las licencias de uso, por supuesto).

Consiguiendo imágenes para su uso con el video digital. La manera más común y una bastante económica de obtener fotos para su uso posterior en el procesamiento de videos es a través de sacarlas con una cámara digital. Otras maneras de conseguirlas son el comprarlas en forma de CD comercial y el rastrear fotos y otros documentos con un rastreador óptico. También se producen imágenes gráficas digitales compuestas de varias capas (en inglés, este tipo de imagen digital se llama "composite") con software tal como Adobe Illustrator y Adobe Photoshop. Una vez adquiridas las fotos y gráficos, se usan programas de software como Adobe After Effects y Apple Motion para agregar efectos de animación a las imágenes de múltiples capas.

Grabando anticipadamente. Es una buena idea comenzar la grabación del video unos pocos segundos antes de la anticipada toma.

Además de dejar un tiempo extra para captar el video anticipado, este procedimiento provee cierta flexibilidad en el procesamiento de los segmentos de video, ya que los segundos que sobran se pueden usar en transiciones.

Almacenando los segmentos de video. Como es el caso con otros datos digitales, con el video digital vienen amenazas de los virus y de problemas causados por los apagones de la luz conduciendo a que se trabe la computadora. Sin lugar a duda, conviene almacenar el trabajo que está hecho con frecuencia para evitar pérdidas de tiempo y esfuerzos.

El consentimiento y la invasión de privacidad. Siempre es una buena idea, y a veces es algo apremiante obtener consentimiento escrito antes de grabar bajo ciertas circunstancias. Por un lado, existen personas que sencillamente no quieren aparecer en películas. Por otro lado, no se puede sacar fotos de ciertos objetos por motivos de derechos de autor. Y hay sitios puertas adentro y afuera donde está prohibido sacar fotos y video por motivos de seguridad. A veces cabe duda de si hace falta o no pedir permiso. En estos casos siempre hay que preguntar si se permite o no sacar fotos y video. Si se permite, hay que preguntar las condiciones bajo las cuales esto se permite. Por ejemplo, a veces en los museos se permite sacar fotos con cámaras que sacan fotos con poca resolución de imagen. Otras veces se permite sacar fotos y video pero sin el uso de un trípode.

Los derechos de autor. Al igual que con otra media, el video digital viene incluido en la legislación federal que abarca los derechos de autor. Antes de usar cualquier media existente hay que leer y seguir al pie de la letra la licencia para su uso. En el caso de ser para usos académicos, hay más libertad en el uso de la media. Para más información al respecto, véase "uso razonable académico" en el apéndice A. Aún así es preciso familiarizarse con la ley para no ponerse en peligro jurídico uno mismo y la institución para la cual uno trabaja.

Preguntas

1. ¿Cuáles son los propósitos que tendría usted para el video digital?
2. ¿Cómo se pretende controlar la calidad de una toma de video?
3. Al captar el video, ¿por qué es importante la luz? ¿Qué se puede hacer para incrementar la cantidad de luz interior? ¿Qué se puede hacer para aminorar la cantidad de luz exterior de un día soleado?

Actividades

1. Busque una cámara digital o grabadora digital (ande a una tienda o al Internet, pídale prestada una a un amigo...) o tenga a mano una propia. Averigüe los rasgos principales que tiene. ¿Cuáles son absolutamente necesarios? ¿Cuáles realmente no hacen falta?
2. Revise unos videos hechos en casa. Señale los problemas y sus causas y recomiende posibles remedios.

Lo que ve es lo que le toca.

Capítulo 7: Características de un producto final de video digital

Introducción

Este capítulo consta de un resumen de nueve (9) características básicas de un producto final de video digital que el autor llevó a cabo en 2001 y 2002. En sí, este resumen es el resultado de unas lecciones aprendidas a lo largo del proceso de llegar al producto final deseado. Se entiende que este resumen le dará al lector posibles ideas para planear y hacer una producción de video digital original. Véase Sullivan (2002a) para un resumen de mucho de este material en inglés.

"Yucatan 2001"

En el mes de julio del año 2000 el autor pasó una semana en la península yucateca de México. Uno de los propósitos del viaje fue el de obtener segmentos originales de video digital para después usarlos en una producción de video digital para fines académicos. El resultado fue un video digital en inglés con el título de "Yucatan 2001" y la versión un año después en español titulado "Yucatán

2K2" (véase Sullivan, 2002b). Estos videos presentan la cultura y la geografía de la zona en general y el ambiente de la Universidad Autónoma de Yucatán (UADY) en particular. El producto representa un esfuerzo en el cual se usa un segundo idioma, en este caso, el español, y la tecnología existente, o sea empleando el video digital para presentar la segunda cultura. Los propósitos académicos consisten en primero, una orientación para los estudiantes que tienen interés en estudiar español en esta zona de México y segundo, el de presentar la cultura de la zona para motivos de conversación en español. La media en su totalidad que se emplea para crear el producto final es media libre de derechos de autor y el proceso de llegar al producto es completamente digital. Lo que sigue entonces es un resumen de las características básicas de estos dos videos.

Digital "de cabo a rabo". La primera característica saliente es que son producciones completamente digitales. Es decir que todas las etapas de producción son digitales sin etapas analógicas. El motivo de tener una producción completamente digital se basa en lo siguiente:

- Resulta ser un producto de mejor calidad.
- Resulta ser más económico en cuanto a tiempo y gastos de tecnología.
- Es un proceso más sencillo que el de tener que digitalizar datos analógicos.
- Fácilmente se encuentra y se consigue la tecnología necesaria.

Ahora, con los avances tanto en el campo del software que se usa para manipular el video digital como en el del hardware que se usa para captar, manipular y almacenar el video digital, es mucho más factible llevar a cabo productos video-digitales más largos, sea de media hora o de una hora o más de duración. Claro está, el punto clave para las capacidades de almacenamiento aquí es la resolución del video final. Mientas mayor la resolución, mayores son los requisitos tecnológicos para manipular, almacenar y reproducir los datos digitales. Las resoluciones menores se guardan para su uso en la Red, mientras que las resoluciones más altas se usan para productos de DVD, de multimedia y de televisión.

Para grabar los segmentos originales se empleó una grabadora digital Canon XL1 con trípode para captar los segmentos de video originales y para sacar fotos que individualmente ocupaban cuatro (4) segundos en la cinta mini-DV. Para imágenes digitales adicionales usadas en el producto final, se empleó Adobe Photoshop para manipular los gráficos, y se usaron productos comerciales de CD-ROM con imágenes libres de derechos de autor. Otro software empleado fue Adobe After Effects (también se puede haber usado Apple Motion), que se usó para animar los gráficos producidos con Adobe Photoshop. Se manipuló y se juntó el video digital con un sistema digital de Media 100, pero alternativamente se podía haber empleado cualquiera de los otros programas mencionados en el capítulo tres.

En cuanto al hardware, se empleó una computadora Macintosh con procesadora G3 (o sea, la tercera generación de PowerPC). Actualmente se usaría, por ejemplo, cualquier computadora con una o más procesadoras Intel Core Duo, con uno o dos discos duros internos de **500 GB** o más y un disco duro externo con memoria de **500 GB** o más. Para pasar y luego manipular los segmentos de video digital tomados en la península Yucateca a la computadora se usó una DVR Sony DSR-40. Claro está, a falta de una DVR como la empleada se puede usar en escasas ocasiones una cámara de video digital como la que se empleó para captar el video original. El sobre uso de las cámaras digitales para procesar el video puede gastar las cabezas tocadoras de estas máquinas de una forma prematura.

Una media que es libre de derechos de autor. Sin tomar las precauciones adecuadas necesarias, fácilmente se mete en honduras al ignorar los derechos de autor de la media usada. En primer lugar, se recomienda no usar un software pirateado. Tampoco conviene emplear ni imágenes prestadas ni otra media que tenga derechos de autor, a menos que se haya comprado los derechos. Los productos yucatecos aprovechan varias estrategias para evitar problemas legales relacionados con los derechos de autor de la media empleada. Lo que sigue es un resumen de estas estrategias para incorporar imágenes y segmentos de video digitales que son libres de derechos de autor.

La estrategia más práctica para evitar problemas de derecho de autor es la de sacar fotos y segmentos de video digital originales uno mismo. Esto implica ciertos gastos de tiempo y dinero. Primero hay que comprar o pedirle prestada a un amigo una cámara o grabadora digital con trípode para sacar las fotos y el video deseado. Luego, hace falta llegar al sitio de grabación... en este caso, a la península yucateca. No hay que olvidarse de que una vez en el lugar de grabación, a veces es necesario averiguar si es necesario o no pedir permiso para filmar y sacar fotos. Muchas veces el personal encargado de sitios históricos, como ser los museos y sitios arqueológicos, no permite que se saquen ni fotos ni video. Y si efectivamente se permite, hay que estar preparado para posibles trabas tales como el limitar el uso de cierta tecnología como las cámaras con objetivos más sofisticados y el uso de un trípode adecuado.

El video digital consiste en media que representa más que video consiste en el uso de la multimedia. Una tercera característica de Yucatan 2001 y Yucatán 2K2 es que consisten en combinaciones de texto e imágenes gráficas (que abarcan todo, desde gráficos sencillos que acompañan los programas de software populares hasta fotos digitales, imágenes animadas, efectos especiales, y transiciones digitales). Además, incluye fotos digitales originales y comerciales y video original sacado de los cenotes, de las pirámides, de las playas, de los edificios, de la Universidad Autónoma de Yucatán y de imágenes individuales sacadas de segmentos de video (fotogramas). En fin, abarca toda media digital que satisfaga el propósito del proyecto, del ambiente y del auditorio percibido.

Usando la misma media para distintos propósitos. Sea con hojas de afeitar o con cámaras desechables, usar una vez y botar esa es una costumbre bien arraigada en nuestra sociedad. Una cuarta característica contrarresta esta costumbre: usa ciertos elementos en repetidas ocasiones para distintos propósitos. En cuanto al uso de la media, existen unas tremendas posibilidades para usarla y volver a usarla. Un ejemplo del alto kilometraje que se puede alcanzar con una media se ve en el producto final con el uso de una imagen de calavera. Esta imagen figura entre un par de docenas de imágenes que vienen incluidas en un CD fotográfico comercial libre de derechos de autor. En los videos se incorpora esta imagen en varias versiones retocadas. Se usa, por ejemplo, como gráfico a colores CMYK (o sea, para la imprenta) para decorar el estuche del producto final y como imagen impresa para usarse en el panfleto destinado a avisar el producto final. En su forma digital se usa de dos maneras distintas dentro del video: como imagen RGB (trabajado con Adobe Photoshop) y como segmento de video en forma de secuencia animada de imágenes (trabajado con Adobe AfterEffects).

Más de una manera de despellejar un gato. Se emplearon varias maneras de procurar y procesar la media para su uso subsiguiente en el producto de video. Por ejemplo, las imágenes se dibujaron con el uso de software (Adobe Photoshop y Adobe Illustrator), se sacaron en forma de fotos digitales, se compraron productos comerciales, se sacaron de segmentos de video existentes, y se usó un rastreador óptico para digitalizar fotos y otras imágenes en papel.

Igualmente el software que existe para procesar la media es variado. Muchos artistas gráfico-digitales emplean los productos de marca Adobe para crear los gráficos deseados. En cuanto a su uso, se consideran superiores, funcionan perfectamente entre sí, se usan tanto en las plataformas Windows como en la de Macintosh, y se pueden conseguir a precios rebajados para usarse con propósitos académicos. Y el producto Adobe que más se usa para crear gráficos digitales es Illustrator (véase el capítulo tres para más información acerca de este programa). Una gran ventaja de este programa de software es que en lugar de funcionar a base de los píxeles, emplea un sistema de líneas (en inglés, "vectors"). Este sistema elimina las terminaciones abruptas en las imágenes, o sea, el efecto de escalera (en inglés, "jaggies") que suele manifestarse en las imágenes digitales que se hacen a base de píxeles cuando se agrandan. Entre los programas de Adobe que se usan en una que otra etapa del proceso de crear y manipular el video digital figuran los siguientes (para más información respecto a algunos de estos programas, consulte los capítulos tres y cuatro de este libro).

Software	Funciones principales
Adobe Premiere	Procesar el video, crear títulos, agregar y manipular el audio
Adobe Illustrator	Crear imágenes y títulos originales
Adobe PhotoShop	Manipular fotos y otras imágenes
Adobe AfterEffects	Animar imágenes, agregar efectos especiales, emplear títulos especiales

Figura 10: Software Adobe usado en "Yucatán 2K2"

Siempre hay que estar atento, ya que puede haber problemas al intentar procurar y procesar la media. Entre otras cosas, a veces es bien difícil conseguir el video original por haber zonas poco accesibles o puede ser prohibido filmar o puede haber un costo alto para filmar. Otras veces el manejo del software y del hardware puede resultar dificultoso en el campo.

Más de un idioma. Otra característica de este video digital es que aparece en dos versiones: una para hispanoparlantes y otra para los angloparlantes. Aparece primero en la versión inglesa, "Yucatan

2001" y después en la versión en español, "Yucatán 2K2". La versión en español aprovecha todo el trabajo hecho para conseguir y procesar el video y los gráficos hechos para la versión original en inglés.

Producto con varios propósitos. "Yucatán 2K2" sirve varios propósitos. La versión en inglés se usa para reclutar a estudiantes para el programa de español o para motivar a los estudiantes de español a estudiar en el extranjero en la península yucateca de México. Además, sirve para informar a interesados acerca de la cultura y el paisaje de la península yucateca. La versión en español se puede usar en una clase de conversación o en una clase de cultura mexicana. La media usada para el producto DV ha sido la mini-DV. Claro está, se puede haber usado media DVD, y se puede comprimir para colocarse en el Internet.

Control del tiempo total del producto final. Estos dos productos son de unos veinte y siete (27) minutos de largo, lo cual los coloca dentro de un marco de tiempo respetable: no es ni muy largo ni muy corto. Mucho más corto y no se llega a presentar suficiente materia; mucho más largo y se aburre el auditorio.

Control de calidad del producto final. Lo más importante para el video digital es el establecimiento y mantención de una calidad del video. Para mantener el alto nivel de calidad de imagen, el proceso comenzó con un video original tomado en los alrededores de Mérida, México y las zonas de interés turístico de ese sector de la península. Al igual que el pescador aficionado que necesita un buen guía con bote para pescar en un sitio nuevo, el autor y videógrafo gozó de la ayuda de una buena guía con su carro para llegar a los sitios óptimos de grabación sin problema. Este control de calidad siguió con el uso de una buena grabadora de video digital, en este caso, la Canon XL1, con su trípode bien firme y estable, por supuesto. Además, las fotos digitales que se sacaron con trípode para su uso en el video eran de resoluciones altas. Y se sacaron muchas fotos de más, sabiendo que algunas iban a tener poca luz, otras iban a estar movidas, y unas cuantas iban a tener una composición poco deseada. Finalmente, para mantener un nivel de calidad alto de audio digital, se grabó el audio aparte de los segmentos de video originalmente tomados. Siguiendo estos principios y procedimientos se pretendió llegar a un producto final digital de alta calidad.

Preguntas

1. ¿Cuáles de las características del producto final de video digital entre las nueve mencionadas en este capítulo le parecen más importantes a usted?
2. ¿Porqué cree usted que las características que eligió son más importantes que otras?
3. ¿Hay algo más que se puede considerar para asegurar un buen producto de video digital? Explique.

Actividades

1. Revise unos videos que encuentre y haga una lista de las características esenciales que manifiestan. ¿Son parecidas a las que se describen en este capítulo?
2. Haga su propio proyecto de video digital, incorporando algunas de las características que están resumidas en este capítulo.

El enseñar en línea tiene sus ventajas; también tiene sus desventajas.

Capítulo 8: El diseño de un curso virtual de español

Introducción

Este capítulo tiene el propósito principal de especificar y elaborar las etapas de diseño de un curso virtual. Por estar en la Red, se dice que esta información se encuentra en línea (traducción literal del inglés, "online", término que también se viene empleando en español). Para algunos, es un trabajo relativamente fácil el diseñar un curso online, especialmente si no es la primera vez que uno lo hace. Para otros, cuesta montones de trabajo la primera y todas las veces que se hace. En todo caso, cada vez más es el profesor, el experto en cuanto al contenido del curso, quien viene transformando los cursos de un formato tradicional a uno virtual.
Especificando y elaborando las etapas de diseño del curso virtual

Ya que necesita ser aprobado cada curso en línea por vías administrativas antes de que se pueda enseñar, el diseñador forzosamente tiene que seguir una política establecida a través de la universidad u otro sistema académico. Y para estar seguro de que los esfuerzos efectuados estén bien recibidos y no en balde, no habría tiempo que perder para contactarse desde un comienzo con los que regulan los cursos en línea y el personal que entrena a los que vienen comenzando el proceso de montar un curso virtual. Muchas veces hay que seguir un entrenamiento obligatorio con certificado para poder seguir las pautas establecidas en el uso de las herramientas indicadas. Y, por supuesto, hay que tener el curso aceptado dentro de una fecha límite para que se instale antes del comienzo del período de la matrícula de estudiantes en los cursos.

Las etapas de diseño de un curso en línea

En la Figura 11 se dan unas once (11) actividades en tres (3) etapas que uno podría tener que pasar en el desarrollo del curso para poder enseñarlo de una manera virtual para crédito académico.

Etapa	Actividades
Pre-construcción.	• Entrenarse en el uso de la(s) herramienta(s) para montar el curso, y si es necesario, pasar exámenes para conseguir un certificado. • Conseguir un sitio en el servidor donde se va a desarrollar y almacenar la clase.
Construcción	• Establecer las unidades del curso (preparar la carta de bienvenida al curso, montar el programa de curso oficial, las conferencias, las tareas, los temas de discusión, las guías, los ejercicios digitales, los eslabones al Internet, y los exámenes para el curso). • Completar el calendario oficial para el curso. • Preparar y montar la media necesaria (imágenes, audio, video) • Efectuar los eslabones a sitios relevantes en el Web.

Posteriores	• Obtener la aprobación necesaria (a nivel de disciplina, de departamento, de facultad y de universidad). • Cumplir con toda recomendación que aparezca. • Si es un curso nuevo, seguir los procedimientos necesarios para que el curso se agregue al inventario de cursos (académicos) oficiales. • Se enseña el curso. • Una vez comenzado el curso, se efectúan ajustes en él a medida que hagan falta.

Figura 11: Etapas en el desarrollo de un curso virtual

Las dos primeras suceden antes del montaje del curso, mientras que las próximas cuatro son para construir y montar el curso, y las últimas cinco son posteriores al montaje del curso.

Lo más importante a lo largo de este proceso de montar un curso en línea es mantener como meta principal la de asegurar de que la calidad del curso virtual se iguale a la de otros cursos parecidos tradicionales. Y para mejor llegar a esta meta conviene recordar que el aprendizaje humano es individual y activo, que se desarrolla a través de factores tanto afectivos como cognitivos y que son importantes los conocimientos previos y las habilidades individuales de los estudiantes.

Una segunda meta importante en el montaje de un curso virtual es la de seguir la pauta estándar de diseño establecida por la institución controladora. Esta pauta normalmente abarca elementos de diseño tales como los colores que hay que usar o evitar, las herramientas obligatorias, y el número, tamaño y tipos de iconos permitidos en las páginas, especialmente en la página principal.

Al comenzar a diseñar un curso virtual, hay varias decisiones que hay que hacer. Entre las primeras, hay que establecer la herramienta principal (en inglés, "course management tool") que se va a usar para crear, montar y manejar el curso en línea. Aunque la popularidad de una herramienta o la experiencia que tienen los diseñadores con una herramienta puede ser un motivo válido para la selección y uso de esa herramienta, puede que no tengan ni voz ni voto en esta decisión los diseñadores individuales. Puede haber preferencias individuales, pero de hecho, en las más de las veces los diseñadores de cursos académicos se enteran de que no pueden elegir la herramienta que van a emplear, que la decisión se ha hecho mucho antes de que comience uno el proceso de diseñar el curso. La decisión en cuanto a la(s) herramienta(s) que se usa(n) normalmente ya está hecha a nivel de institución y esta decisión se hace después de estudiar varios factores como los que se dan aquí: los costos, la disponibilidad, la facilidad (percibida) de uso, la estandarización de uso, preferencias administrativas, estipulaciones de los que proveen los fondos para conseguir las herramientas y posibilidades de entrenamiento. Entre las más populares han figurado Blackboard/WebCT y Moodle. Las primeras dos actualmente comprenden una sola compañía y su producto pareciera ser la que más se usa a nivel universitaria. Claro está, existen universidades que han desarrollado sus propias herramientas. Este capítulo va a enfocarse en el uso una serie de herramientas que vienen con la herramienta Blackboard/WebCT.

Afortunadamente se puede trabajar con estas herramientas sin tener que preocuparse con aprender el código html. Al montar el curso, el diseñador fija como navegar el curso dentro de la herramienta principal. Hace eslabones con otros sitios en el Web, agrega contenido del curso, crea un glosario, asigna tareas, y pone ejercicios de práctica, pruebas y exámenes y/o hace eslabones a otros sitios para estos propósitos. Como parte del proceso el diseñador emplea los recursos que se le ofrecen dentro de la herramienta principal seleccionada. Entre las herramientas específicas que existen dentro de, por decir Blackboard/WebCT, figuran herramientas para estos propósitos:

- Crear, montar y dirigir el curso entero.
- Crear páginas y/o usar herramientas para múltiples propósitos.
- Realzar las páginas en línea.
- Fomentar la comunicación con y entre los estudiantes.
- Revisar y controlar a los estudiantes.
- Manejar la media (texto, audio y video) que se va a usar en el curso.
- Calificar y fijar las notas de los estudiantes que están matriculados en la clase.

Otra decisión importante que necesita tomar el diseñador tiene que ver con la selección del curso que uno decide adaptar para su uso virtual. Los ejemplos que se dan en este capítulo son de un primer curso básico de español y de un curso de lingüística aplicada en español.

Una vez hechas estas dos decisiones, o sea, en cuanto al software que se va a usar para montar el curso y la selección del curso específico, toca decidir respecto a las herramientas y las páginas que se van a emplear en el curso virtual. Ya que existen más de veinte tipos de páginas incluidas con distintos propósitos, sin lugar a duda, algunas son más convenientes y más efectivas que otras para los propósitos de cada curso. Hasta cierto grado los tipos de páginas que se eligen dependen de la naturaleza del curso, del número de estudiantes matriculados en el curso, de las maneras en que mejor aprenden dichos estudiantes, de las preferencias del diseñador del curso, de los requisitos de evaluación de estudiantes matriculados en los cursos y otros factores. Entre las que se consideran imprescindibles por muchos diseñadores figuran las herramientas o páginas que existen para:

- Colocar la información básica para comenzar el curso.
- Dirigir la correspondencia escrita electrónica entre estudiantes y entre estudiantes y profesor.

- Controlar las discusiones escritas entre estudiantes y entre estudiantes y profesor.
- Asignar las tareas.
- Manejar una página donde se colocan y se reciben las tareas (aunque esto se puede hacer también con las dos herramientas ya mencionadas).
- Crear un calendario de eventos, tareas y fechas límites del curso.
- Fijar el contenido del curso donde se localizan los apuntes de la clase y otra información.
- Colocar las notas de los estudiantes.

En el proceso de diseñar el curso online, muchos colegas comienzan con la selección de herramientas que van a usar para montar (y después, dirigir) el curso y luego proceden con la página inicial o principal (en inglés, "homepage"). Como mínimo, esta primera página que visitan los estudiantes del curso debería contener los iconos (con sus documentos y eslabones respectivos) que representan los componentes o unidades principales del curso. Por cierto hay que respetar el límite establecido en cuanto al número máximo de iconos que se puede agregar a la página principal. Si se desconoce el límite impuesto por los administradores de los cursos en línea, cuatro es un número conservador de iconos para esta página. En todo caso, las herramientas y páginas que no caben fácilmente según la organización elegida (tales como las notas y el glosario) pueden colocarse en el menú del curso que se ubica a mano izquierda en la página principal del curso. Una sugerencia de un posible arreglo de iconos para representar el curso en esta primera página es:

- El primer icono: "comenzar aquí" con una carta de bienvenida al curso, una nota biográfica del profesor y el programa de curso.
- El segundo icono: herramientas para fomentar la comunicación.

- El tercer icono: el contenido del curso.
- El cuarto icono: preguntas frecuentemente hechas por estudiantes en línea y/o eslabones importantes para información práctica.

A continuación se dan algunos documentos, junto con el formato recomendado, herramientas y eslabones que convendría incluir en los cuatro iconos. Se puede usar los siguientes tipos d documentos para la clase en líneas: .html (documentos producidos en Microsoft Word: File > Guardar como Página Web) .pdf y .ppt .rtf, .doc y .docx.

Para el primer icono se podría poner:

La carta de bienvenida al curso (documento .html o .pdf).
- El programa de curso (herramienta o documento .html o .pdf).
- Bosquejo general de las actividades virtuales de la clase (se incluye un ejemplo al final de este capítulo).
- Biografía del profesor (documento .html o .pdf).
- Hoja de preguntas que los estudiantes tienden a hacer en esta clase con respuestas adecuadas (documento .pdf o .rtf).

Ahora bien, la carta de bienvenida debe manifestar información que atraiga y motive a los estudiantes. Hay un ejemplo de una carta de bienvenida al final de este capítulo. En cuanto al programa de curso, además de seguir la pauta establecida por el departamento y/o facultad de uno, necesita exhibir información específica para la experiencia virtual. Por ejemplo, debe especificar la política de asistencia que difiere de la de las clases tradicionales. Además, debe incluir los requisitos en cuanto a los requisitos mínimos de tecnología que necesitan usar los estudiantes que van a matricularse en el curso. Esto incluye los requisitos de tipo hardware, como las plataformas de computadora compatibles con sus sistemas operativos correspondientes, un acceso al Internet, y la necesidad de saber usar cierto software previamente, por decir Microsoft Word.

Ventajosas herramientas y eslabones a la Red para el segundo icono (herramientas para fomentar la comunicación) son:
- El correo electrónico (herramienta).
- La tabla para discusiones (herramienta).
- El calendario del curso (herramienta o documento .pdf o .html).
- El calendario universitario (eslabón para esta página universitaria).
- La biblioteca (eslabón).
- La librería (eslabón)

Posibles herramientas y eslabones para el tercer icono (el contenido del curso) son:
- Los apuntes de clase por unidad (documentos .html, .ppt o .pdf).
- Práctica digital (dentro de Blackboard o eslabones a la Red).
- Las tareas por unidad (herramienta o documento .html).
- Hoja de chequeo para anotar cuando se cumplen las distintas tareas (lecturas, y ejercicios) (documento .html o .pdf).
- Eslabón al libro electrónico.

En cuanto a la materia del curso, se acostumbra tener un texto tradicional y/o lecturas en línea para presentar la materia del curso. Desde que generalmente el profesor que diseña el curso virtual lo ha enseñado en forma tradicional, sabe de los recursos que existen para ayudarle al estudiante a alcanzar las metas del curso. Se aprende a colocar apuntes de conferencias, informes digitales y otra información en los módulos de contenido.

Y para el cuarto icono (información práctica):
- Referencias bibliotecarias y lista de revistas relacionadas

al curso (documento .html, .pdf o .rtf).
- Pautas, guías (colocando acentos escritos, como grabar el audio digital y mandarlo por WebCT), y circulares para la clase (documentos .html o .ppt).
- Temas para investigar (documento .html o .pdf).
- Direcciones para tomar exámenes (documento .html o .pdf).
- Exámenes de práctica (documento .html o .pdf).
- Eslabones para información en la Red (guías, práctica o materiales digitales que acompañan el curso).

Lo interesante es adornar y realzar la presentación con media apropiada, y dentro de lo posible, propia. No está dentro del alcance de este libro hablar de cómo se usa audio y video en la Red, pero sí de cómo incorporar gráficos. De hecho, el capítulo siguiente se dedica a la preparación de gráficos para cursos online.

La última etapa en el diseño del curso virtual es la aceptación del curso de parte de la institución académica y su inscripción subsiguiente en el inventario oficial de cursos académicos (si es un curso nuevo, y no sólo una sección virtual de una clase tradicional). Por eso, al trabajar con el curso conviene seguir la pauta establecida. Una vez que se acabe de diseñar el curso, tendrá que pasar por varias personas o comités antes de que llegue a inscribirse en la lista de cursos que se van a ofrecer para la matrícula de estudiantes. Claro está, puede haber diferencias significativas de una institución a otra, pero aquí se ofrece un posible camino para que el curso se convierta de formato tradicional en uno virtual:

- Pasa por un comité de colegas de la propia disciplina académica para saber si el programa de curso, el contenido del curso, el libro empleado, las tareas, las pruebas y los exámenes están al par de las expectativas. Con el visto bueno de los colegas, el curso pasa al siguiente nivel: pasa al jefe de departamento.

- El jefe de departamento (o un comité departamental) revisa el curso para asegurar de que haya llegado al calibre de otros cursos en línea que tiene el departamento. El jefe incluye sus impresiones al pasarlo al nivel de facultad.
- El decano de la facultad o un comité que lo representa revisa el curso en virtud de los cursos en línea ya establecidos a nivel de facultad. Viendo que hay presupuesto y constatando de que es un curso en línea digno, el decano le da el visto bueno y sus recomendaciones para un comité cuyo propósito es el de aceptar o rechazar los cursos en línea a nivel universitario.
- El comité a nivel universitario examina la parte técnica del curso, o sea, tales asuntos como el formato de los afiches, la cantidad de clic que se hace para poder llegar a tener acceso a la información buscada, los colores, los iconos, el tipo, la comunicación entre profesor y estudiantes y la comunicación entre estudiantes, si están en uso las herramientas cuyo uso sea obligatoria, o sea, si el curso manifiesta lo necesario para ser aprobado. Este comité decide aceptar o rechazar el curso sometido. Lo que es más, a veces se aceptan los cursos con ciertas condiciones que tienen que cumplirse los diseñadores de cursos antes de poder seguir el camino para la aceptación final.
- Una vez que pasa por el comité técnico, el curso se traspasa a los canales administrativos requeridos a nivel universitario para que llegue a formar parte del inventario de cursos.

Momentos claves en el desarrollo de un curso en línea

Se podría decir que hay unos momentos más claves que otros en el desarrollo de un curso en línea. Entre los más importantes que ha experimentado el autor para todo curso virtual figuran decisiones con respecto a lo siguiente:
- El entrenamiento efectuado para usar las herramientas necesarias.
- El uso de gráficos para realzar y hacer más efectivas las páginas en línea.
- La selección de eslabones importantes para actividades en línea.

El primer momento clave. El primer momento clave es el de entrenarse bien para poder diseñar un buen curso virtual. En cuanto a la necesidad de entrenarse para usar las herramientas de WebCT, lo que uno debe hacer depende de la experiencia previa que se tenga. Claro está, es favorable si uno mismo ha tomado cualquier curso en línea previamente, o sea que tenga la perspectiva y experiencia de estudiante en línea. También es una gran ventaja si uno ya sabe usar y diseñar la multimedia. Pero quizás lo mejor para prepararse para usar estas herramientas es tomar un curso en línea que le enseña a uno a dictar/diseñar cursos en línea.

Muchas veces la institución propia ofrece el entrenamiento indicado para montar los cursos según los requerimientos específicos. Si no se ofrece entrenamiento para aprender a usar las herramientas para diseñar cursos, una buena alternativa sería buscar y tomar un curso que le entrene a uno a diseñar cursos virtuales como los que se han ofrecido en el centro de servicio, Region IV Education Service Center de Houston, Texas, que ha ofrecido servicio a cincuenta y cuatro distritos escolares en siete condados de Texas. Un curso en línea típico consiste en tres a seis semanas de clases virtuales con visitas regulares al centro. Siguiendo las indicaciones, se enfoca en el uso de las herramientas para cumplir proyectos específicos. Los entrenadores son motivadores, dándoles mucho apoyo a los aprendices.

Entre las actividades que se asignan en línea son:
- Practicar con la terminología y materiales que se usan en las clases virtuales.
- Trabajar con colegas para solucionar problemas.
- Emplear el correo electrónico y discusiones para montar comunidades virtuales.
- Hacer y colocar una carta de bienvenida al estudiante.
- Hacer y colocar una carta de orientación al curso.
- Montar el programa de curso.
- Trabajar con las discusiones (planearlas, fijarlas y evaluarlas).

El segundo momento clave. El segundo momento clave consiste en la decisión de incluir gráficos hechos por uno mismo al diseñar el curso (véase el siguiente capítulo). Los distintos propósitos de estos gráficos son: conseguir y mantener el interés de los estudiantes; realzar el contenido del curso; ayudar con las direcciones; y complementar lo estético (los colores, los iconos, etc.) del curso.

Posibles fuentes para dichos gráficos son:
- El banco de gráficos de Blackboard.
- Arte gráfico que viene con ciertos programas tal como Microsoft Office.
- Fotos, audio y video comerciales.
- Documentos y fotos captados con el uso de un escáner.
- Fotos sacadas con una cámara digital.
- Segmentos de videos captados con una grabadora de video digital o cámara digital.
- El uso de Adobe Photoshop o Adobe Illustrator para

crear y realzar gráficos (cambiar los colores, el brillo, el tamaño y la resolución, agregar o realzar el fondo de los gráficos, juntar gráficos, agregarles texto a los gráficos, y preparar los gráficos para el Web).

El tercer momento clave. Un tercer momento clave en el diseño del curso en línea consiste en la decisión de incluir actividades digitales en español en línea pero fuera de Blackboard/WebCT, o sea al dar con eslabones al Internet donde existen ejercicios para practicar. Esto asegura de que el curso en línea pueda aprovechar, por ejemplo, las actividades preparadas por el editorial del texto: práctica digital en forma de ejercicios y pruebas que emplean en forma de texto, audio y video.

Información especial para el programa de curso de la clase virtual

La Figura 12 da una idea de algunos datos posibles de tipo técnico para incluir en el programa de curso de la clase virtual.

Claro está, los documentos que se incluyen en los cursos virtuales tienen que adaptarse para su uso en la Red. Por ejemplo, además de la información técnica, el programa de curso necesita fijar el tipo, la cantidad y el valor de participación activa en línea en lugar de la asistencia de clase tradicional. Por tipo de participación, se entiende el uso de las herramientas como ser las discusiones o el

Que hacer en caso de una falla técnica	En caso de falla técnica, hace falta mandar las tareas por correo o por fax a la dirección universitaria del profesor antes de la fecha límite. Se le mandará una nota electrónica al profesor avisándole de lo que pasa.
El hardware mínimo	• Computadora Pentium con Windows 95 o PowerMac con OS X (o computadoras y sistemas arrancadores más nuevos o más apropiados). • Conexión inalámbrica o de tipo Ethernet para los ejercicios digitales de audio y de video. • CD-ROM 8X o más rápido. • 512MB de RAM. • Disco duro con un almacenaje libre de 40MB. • Pantalla 15" a colores, con una resolución de 800x600. • Parlante(s). • Micrófono y software para grabar • Teclado y ratón • Netscape Communicator ver. 4.61, Microsoft Internet Explorer ver. 5.0, Mozilla Firefox 3.0 o Apple Safari 3.0 con plug-in • audífonos personales
Las habilidades estudiantiles necesarias	Poder mandar y recibir el correo electrónico, saber usar la Red, y saber usar Microsoft Word.
La necesidad de una cortesía en línea	Hay que ser corteses al contactarse con los colegas.

Figura 12: Información técnica para incluir en el programa de curso

correo electrónico. Por cantidad, se entiende, por ejemplo, el tiempo total en línea y el tiempo gastado empleando las distintas hojas y herramientas. Y el valor es el peso representativo de los tipos de participación.

A continuación se da un ejemplo de un documento para incluirse en una clase virtual de español. Es la carta de bienvenida a un curso de lingüística aplicada.

Bienvenidos todos a la clase de lingüística aplicada en español. Como estudiantes oficialmente matriculados en la clase de lingüística aplicada en español, tienen la fortuna de figurar entre un número creciente de estudiantes de esta universidad que participan en una experiencia de aprendizaje virtual. Así que se juntan con miles de estudiantes de otras universidades que aprenden a través de la Red. En las próximas quince semanas vamos a repasar varias estructuras lingüísticas del español y usar este conocimiento para discutir el aprendizaje y adquisición del español como segundo idioma.

Después de todo, hay que recordar el hecho de que para tener éxito en un curso de idiomas en línea hay que practicar. Y por eso, a través de las próximas quince semanas van a hacer tareas diseñadas a hacerte practicar nuevas habilidades lingüísticas y tecnológicas al comunicarte en español con sus colegas. Otro factor clave para tener un mayor grado de éxito en esta clase es el buen manejo del tiempo. Para mantenerse al día, hace falta seguir el calendario de curso oficial al pie de la letra en cuanto a tareas y plazos establecidos para cumplirlas.

Ahora les toca comenzar el viaje al mundo en línea de la lingüística aplicada en español. Ya que han podido llegar a este punto, saben entrar al curso a nuestro curso virtual. La primera tarea es la de leer el programa de curso y el bosquejo del curso. Luego, mándenme un saludo electrónico empleando nuestro sistema de correo electrónico para demostrar que sabes usar esta herramienta. Tercero, preséntense en español empleando la herramienta "Discussion Tool". Una vez cumplidas estas tareas, compren el texto que se requiere para este curso. Luego, anden al primer módulo de contenido de nuestro curso y comiencen a hacer el trabajo para la introducción.

Por favor, mándenme una carta electrónica por cualquier pregunta o preocupación que tengan. Acuérdense que soy fiel en guardar las horas de oficina en línea y las horas regulares de oficina.

Hasta pronto,

Su profesor de español,
Oficina:
Teléfono:
Email:
Dirección:

Preguntas:

1. ¿Ha tomado usted algún curso en línea? En caso de que sí, ¿Fue un curso de Blackborad/WebCT? ¿Cuáles son sus impresiones en general en cuanto a la efectividad del curso?
2. ¿Se imagina usted algunas ventajas y desventajas de los cursos virtuales? Haga una lista aquí.

Las ventajas	Las desventajas

3. ¿Los cursos virtuales son para todo tipo de profesor? Explique su respuesta.
4. ¿Los cursos virtuales son para todo tipo de estudiante? Explique su respuesta.
5. Hay quienes dicen que no se deben enseñar cursos virtuales de segundas lenguas. ¿Cuáles serían sus puntos principales en contra de hacerlo?

Actividad

Haga una carta de bienvenida para un curso específico, como ser el primer curso básico de español.

Con tantas posibilidades para adaptar las imágenes digitales,
¿porqué contentarse con lo usual, con lo común?

Capítulo 9: | **Consiguiendo y adaptando imágenes digitales en línea**

Introducción

A esta altura el Internet se ha puesto tan variado como versátil. Desde un punto de vista académico, los expertos en las materias, o sea los que enseñan los cursos, cada vez más son los que es encuentran diseñando los cursos virtuales. Muchos profesionales estarán de acuerdo en que el proceso de diseñar cursos virtuales es bien complicado. Encierra etapas de planificación, de producción y de ejecución. Este capítulo pretende tratar un solo aspecto del proceso: la selección y realce de imágenes par su uso en la Red. Y, aunque los ejemplos empleados aquí son ejemplos en español, se les anima a los lectores a aplicar esta información a otros idiomas empleando herramientas adicionales para desarrollar materiales virtuales para sus cursos en línea y sus cursos híbridos.

Como meta, se entiende que las imágenes se emplean para ayudar a hacer más relevante e interesante el contenido del curso en línea. La meta principal de este capítulo es la de esclarecer el proceso de seleccionar y realzar las imágenes que se usan de modo que el profesor tenga mayores posibilidades de efectuar los cambios deseados en la conducta de los estudiantes.

Muchos lectores se preguntarán: ¿Por qué gastar tiempo en las imágenes adicionales? Sencillamente muchos colegas apenas tienen el tiempo suficiente como para diseñar y mantener uno o más cursos virtuales, pero no disponen del tiempo necesario para localizar y adaptar imágenes gráficas adicionales para hacer que se vea mejor la presentación del curso. Al fin y al cabo puede que no sea para todos el diseño de imágenes gráficas. Además, puede que los productos finales no sean tan buenos como los iconos que se encuentran en el banco de gráficos de Blackboard/WebCT y otros paquetes para desarrollar los cursos en línea. Pero para los que alcanzan a adaptar gráficos para sus cursos online, no solamente llegan a ser más dueños de sus propios cursos, sus estudiantes podrán seguir mejor las direcciones y entender más el contenido del curso. Entonces, el propósito principal de este capítulo es el de motivar a los instructores a usar sus talentos creativos para seleccionar gráficos adecuados y adaptarlos para su uso en los cursos en línea. Y para cumplir con este propósito se cubren los siguientes temas: variables iniciales de diseño; variables adicionales de diseño; fuentes de imágenes gráficas; y sugerencias para adaptar las imágenes. Para mucho de esta información en inglés, véase Sullivan, 2005).

Variables iniciales de diseño

Incluso antes de iniciar una búsqueda de imágenes, antes de decidir que software se va a usar para realzar las imágenes, y sin pensar en las herramientas que se usan en línea, hay unos cuantos variables importantes que considerar en la etapa inicial del diseño de imágenes. Estos son: el contenido del curso, los intereses de los estudiantes y las características de los estudiantes.

El contenido del curso. El contenido del curso es una

perspectiva excelente desde la cual se puede considerar la selección y diseño de imágenes gráficas para realzar el curso en línea. Por ejemplo, las imágenes usadas en los módulos para el contenido de un curso de cultura peninsular en línea tendrían que ver en cierto modo con la historia, la civilización, y la cultura de España. De esta manera las imágenes gráficas tendrían mayores expectativas de atraer y mantener la atención de los estudiantes al navegar ellos por el contenido del curso. De igual manera, un curso básico de español tendrá iconos que se relacionan con el contenido de los distintos capítulos del texto. Muchos de estos textos introductorios tienen temas de capítulo que introducen vocabulario comunes como el de la Universidad, el de la clase, el de la casa, el de la familia y el de compras. Para los fines del curso en línea, se importan gráficos que reflejan los temas tratados, o sea, una foto de la universidad, otra del interior de una clase, por ejemplo, para presentar las distintas unidades en el módulo de contenido. Para un curso de lingüística aplicada en español, en cambio, sería más apropiado usar iconos a base de conceptos lingüísticos tales como reglas fonológicas y morfológicas o un cuadro con los cinco fonemas vocálicos.

Los intereses de los estudiantes matriculados. Hace mucho que se considera un principio de enseñanza bueno el incorporar los intereses de los estudiantes en la enseñanza de formato tradicional. Una encuesta rápida recauda experiencias e intereses de los estudiantes que son relacionados a la materia docente. Luego se puede usar esta información para seleccionar y adaptar gráficos para el curso online.

Características del alumnado. Manteniendo un diseño sencillo y relevante, se puede seguir adaptando las imágenes según ciertas características de los estudiantes. Se entiende que esta práctica también sirve para los cursos virtuales. Justos ejemplos de este concepto son las páginas principales de muchas universidades. Al emplear la página principal universitaria para diseñar las páginas de un curso online se puede incluir gráficos que demuestran las características del alumnado como las edades, los grupos étnicos, y el porcentaje de hombres y mujeres. También se puede incorporar otras características como la mascota, los colores, la localidad geográfica, eventos populares, y la importancia histórica de la institución académica.

Variables adicionales de diseño

Una vez que se haya considerado el contenido del curso y las características e intereses de los estudiantes es hora de examinar los variables que tienen que ver directamente con el proceso de diseñar los gráficos. Entre otros variables que se consideran figuran los siguientes la selección del programa de software que se va a usar para realizar las imágenes y unos principios básicos de diseño.

Afortunadamente las herramientas como Blackboard/WebCT que se usan para montar los cursos en línea vienen con sus propios bancos de imágenes gráficas. En su mayor parte las imágenes gráficas que se incluyen para diseñadores de cursos son sencillos de manera que el interfaz resultante tiende a ser sencillo e intuitivo. Las imágenes están accesibles para identificar y navegar por los recursos en línea como ser el programa de curso, el correo electrónico, los módulos de contenido, y otras páginas del curso. Los recursos gráficos incluyen iconos de distintos tipos. Se sacan de un banco de gráficos, con la posibilidad de elegir o de dejar que el programa elija uno apropiado, por ejemplo un buzón para el correo electrónico.

Selección y uso de software para realizar las imágenes. Como es el caso con otras tareas profesionales, la calidad del producto final depende en mayor parte de la calidad de las herramientas que emplean los diseñadores de cursos. Y sin duda la mejor herramienta en este caso es Adobe Photoshop (véase el capítulo 4 para más información respecto a este programa de software). La versión comercial de este software viene sola o como componente del paquete Creative Suite. Se ofrece una versión reducida de software (Photoshop Elements) capaz de realizar las imágenes gráficas. Además, con la compra de una computadora nueva, o hardware periférica adicional como las cámaras digitales y escáneres, suelen venir incluidos programas de software de este tipo. Hasta el software iPhoto, que viene con Apple iLife, tiene varias herramientas para manipular las imágenes digitales.

Ya que todos adquirimos destrezas nuevas de distintas maneras, para aprender a usar software tipo Adobe Photoshop hay varias posibilidades, según las preferencias de uno:

- Sentarse con un colega que usa este software y ver las técnicas básicas.
- Ir a sitios como www.photoshoptechniques.com para practicar en el Internet.
- Llevar a cabo los tutoriales que vienen con el software.
- Tomar uno o más curtillos formales para aprender a usar el software comprado.
- Comprar y usar un libro de ensayo con CD o DVD. Entre los textos que se ofrecen para aprender a usar Photoshop figuran: <u>Adobe Creative Suite 4 Design Premium: Classroom in a Book</u> (2009), <u>Photoshop 7: Classroom in a book</u> (2002) y <u>Adobe Photoshop 7: one-click wow!</u> (Davis & Dayton, 2003). Afortunadamente, los tutoriales vienen para las plataformas Macintosh y Windows.

Algunos principios de diseño gráfico. Al crear efectos especiales y al adaptar o realzar las imágenes gráficas de un curso, habría que seguir ciertos principios de diseño. A través de la enseñanza y de la experiencia uno aprende que lo importante es que las imágenes creadas sean sencillas y fáciles de entender. Hay muchos conceptos de diseño tratados por los expertos, como ser el uso del espacio libre, de los colores, de las distintas clases y tamaños de tipo, y de sombras. Sin embargo, no figura dentro del alcance de este libro tratarlos.

Buenas fuentes para saber más acerca de los principios de diseño gráfico son: Baumgardt (2003) para diseñar páginas y para encontrar algunos sitios útiles en la Red; Lorh (2002) para lecciones que ayudan a diseñar materiales visuales; y Cope (2002) para información general para crear páginas en la Red.

De cuando en cuando nos enfrentamos con limitaciones colocadas por nuestras propias instituciones académicas. Ciertos fondos, colores y tipos pueden ser recomendados, requeridos, o prohibidos. Lo mismo pasa con el número de los gráficos que uno podría emplear para los distintos propósitos en la clase virtual, o la necesidad de emblemas especiales. También puede haber cierto control de parte de la institución acerca de la naturaleza de los iconos que son para presentar información y navegar el curso. El motivo del control es para asegurar cierta estandarización del interfaz gráfico a través de múltiples cursos para que los estudiantes no se confundan al cambiar de un curso a otro.

Otros variables de diseño gráfico. Por cierto hay otros variables que pueden gobernar el proceso de adaptar gráficos. Algunos de los más importantes son: los límites respecto a tamaño de las imágenes digitales; el dominio que tiene el diseñador gráfico en el uso del software elegido, el costo del software, y la dificultad de uso del software. Finalmente, hay que tener cuidado de mantener un interfaz sencillo e intuitivo, o sea, evitar mucha experimentación y imágenes digitales muy grandes y/o extraños.

Otras fuentes de imágenes digitales

Algunos de los diseñadores de cursos en línea, especialmente los principiantes, tienden a contentarse con los recursos que se ofrecen por decir, con Blackboard/WebCT. Otros, los que son más atrevidos y creativos, buscan otra media como el video, el audio e imágenes gráficas adicionales para complementar el interfaz. Lo que sigue es una presentación de algunas maneras creativas de conseguir media para su uso en el curso virtual.

La generación de imágenes digitales. Actualmente hay varias maneras de crear imágenes digitales para su uso en línea. Una de las más populares es el uso de la fotografía digital (véase el capítulo 3). Lo ventajoso de la fotografía digital queda en el hecho de que el fotógrafo puede elegir los temas y sujetos según sus necesidades, y no tiene que preocuparse ni de búsquedas exhaustivas y a veces costosas. Lo que es más, las cámaras digitales son cada vez más económicas para el consumidor y pueden sacar y almacenar cientos de fotos de alta resolución. Otra ventaja es que al sacar uno las propias fotos no hay que preocuparse de problemas de derechos de autor. Una excepción es cuando se trata de fotos de seres humanos identificables, ya que habría que pedir permiso para el uso de tales fotos según los propósitos especificados.

Otra buena manera de conseguir media es a través de un escáner. Se puede escanear fotos, diapositivas y otras imágenes que se encuentran en hojas de papel. Claro está, según y conforme las fuentes de las imágenes, hay que cuidarse de no correr riesgos en cuanto a los derechos de autor.

Una tercera manera favorita del autor de obtener gráficos digitales es generar o adaptar imágenes con software como Adobe Illustrator y Adobe Photoshop. Naturalmente, el grado de éxito en el proceso de diseño de gráficos para la Red depende en gran parte del nivel de destreza que tiene el diseñador. Como mínimo, se puede usar el software para transformar los gráficos existentes al formato .gif que es el que se usa en la Red.

La búsqueda de imágenes. Como alternativa a estas maneras creativas de obtener imágenes digitales existe la actividad de buscar imágenes. El sitio de búsqueda más obvio es el Internet, donde se encuentra y se compra desde una foto hasta multitudes de fotos. También se puede conseguir media digital comercial en CD o DVD. Las desventajas más conocidas de este método de conseguir imágenes y fotos digitales son la dificultad de encontrar imágenes adecuadas para los usos intencionados y en algunos casos y los gastos económicos para cada foto o colección de fotos.

El costo de una imagen depende de su tamaño y resolución. Una revisión de la media digital del Internet revela que dicha media viene en una variedad tremenda de tamaños y resoluciones. Por fortuna, las imágenes gráficas que son para el Internet figuran entre las más económicas, ya que son las de menor tamaño y resolución. O sea, vienen con poca resolución y de un tamaño de cuatro pulgadas por cinco y media con un requisito de almacenaje de treinta y cinco (35) Kb. Como punto de comparación, viene a un precio significativo la media de mayor resolución, por decir con un tamaño de once por diez y seis pulgadas o más y con un requisito de almacenaje de veinte y cinco a cincuenta (25-50) MB por imagen digital.

Media digital libre de derechos de autor. En cuanto a las imágenes libres de derechos de autor, se les permite a los usuarios copiar, sacar a imprenta, adaptar, exhibir, y publicar las imágenes en distintos tipos de media. Lo que raramente se permite con las imágenes libres de derechos de autor es su uso comercial para la venta o para anuncios comerciales. Tampoco son gratis estas imágenes, ya que ciertas colecciones valen cientos de dólares. Se compra una imagen o una o más colecciones de imágenes, cada una con sus derechos de uso especificados. Por supuesto siempre hay que leer, entender y seguir las estipulaciones de la licencia que gobierna el uso de las imágenes.

Media digital del dominio público. Hay sitios en la Red que ofrecen media, por decir, múltiples colecciones de fotos y gráficos sin costo alguno. Ejemplos fáciles de encontrar en la Red son sitios de las agencias gubernamentales como la NASA y la ARS (siglas del inglés, "Agricultural Research Service database"). El ARS, por ejemplo, ofrece varias categorías, entre las cuales figuran la educación y las plantas.

Sitios del Web donde se puede intercambiar media digital. Otra posibilidad para conseguir gráficos y fotos digitales es la de intercambiar los que tiene uno con otros que existen en ciertos sitios en el Internet. Un ejemplo de este tipo de sitio es www.flickr.com. Lo interesante es que se puede hojear y luego intercambiar miles de fotos para propósitos creativos subsiguientes.

Media digital de derechos reservados (también se dice de derechos protegidos o concertados). Otra alternativa es la de comprar una licencia para usar una o más fotos para propósitos específicos. Como ejemplo, unos cien dólares podría cubrir los costos del uso de una foto en mil copias de un panfleto para avisar un producto para la venta. Puede que la licencia incluya las posibilidades de adaptar la foto, puede que no. Por ejemplo, a uno se le puede permitir que emplee cierta foto con tal de que no sea posible identificar a los personajes en ella, o que se puede usar otra foto a menos que se recorte para incluir, digamos cuatro o menos personas. De tal manera el vendedor y el comprador de la media negocian las condiciones de uso antes de que se haga cualquier compra. De alguna manera el comprador tiene que contactarse con alguien de la compañía vendedora para fijar el costo del uso acordado.

Sugerencias para la adaptación de imágenes digitales

Hay cientos si no miles de técnicas que el diseñador de imágenes digitales puede hacer para adaptarlas para su uso en línea. Las pocas que se dan a continuación han sido elegidas de varias fuentes según su eficacia publicada o probada.

Sugerencias para mayor eficacia en el trabajo. Adobe Photoshop es un programa con el cual se puede gastar toda una vida aprendiendo y aprovechando sus usos. Hay ciertos arreglos y técnicas que puede emplear el diseñador para trabajar con un mayor grado de eficacia en este y otros programas de software que tienen los mismos propósitos y herramientas parecidas. La primera técnica asegura una cantidad de memoria RAM suficiente, y la segunda economiza el tiempo al trabajar con una imagen modelo.

Sugerencia #1. Se sugiere usar cuanto RAM posible, ya que con más RAM se trabaja más rápido con los gráficos grandes y si hace falta, se trabaja con más de un programa de software al mismo tiempo. Después de haber gastado lo máximo posible en RAM, habría que aprovechar el RAM existente. Los nuevos sistemas operativos automáticamente fijan la cantidad de RAM que se dedica a cada programa de software, así que para tener funcionando el máximo de RAM, habría que salir de otros programas de software que uno no va a estar empleando.

Sugerencia #2. Otra técnica para ser más eficaz en el uso de Photoshop es trabajar con plantillas. Al crear múltiples imágenes, por decir para identificar los capítulos o módulos de contenido o para conseguir un alto grado de uniformidad de iconos en la página principal, se trabaja con una imagen básica que manifiesta las características requeridas. Estas incluyen los variables de tamaño, resolución, fondo, colores y los efectos que se van a aplicar a todas las imágenes de la misma página del sitio Web del curso. Al crear una imagen modelo, se almacena con un título especial. Luego se puede trabajar, partiendo del modelo y agregando los rasgos necesarios para diferenciar cada una de las otras que se crean y almacenando cada una con un título distinto.

Sugerencias relacionadas con el realce de imágenes. Aquí vienen algunas sugerencias para procurar evitar, o por lo menos aminorar la frustración cuando pareciera que los resultados no son tan buenos como uno espera.

Sugerencia #1. Se sugiere que los usuarios de Photoshop cambien la clasificación de color según las circunstancias. Algunas clasificaciones son: blanco y negro (en inglés, "Bitmap"), tonos de gris (en inglés, "greyscale"), colores para la pantalla (o sea, RGB) y colores para la imprenta (o sea, CMYK). La clasificación de colores se selecciona siguiendo esta secuencia de operaciones: Photoshop > Image > Mode > RGB Color. El autor está de acuerdo con los que mantienen que la gran ventaja de trabajar con imágenes RGB es que se puede aplicar todos los filtros y efectos de Photoshop, algunos de los cuales no funcionan con las otras categorías de color. La importancia de esto es que muchos diseñadores emplean filtros y efectos temprano en la adaptación o creación de sus gráficos.

Sugerencia #2. A veces uno quisiera agregarle colores a una imagen que está en blanco y negro. No se puede efectuar esto directamente. Se sugiere primero cambiar la imagen Bitmap a una de tonos de gris. Luego es posible hacer el cambio a RGB o CMYK para poder agregar los colores deseados.

Sugerencia #3. Una de las tremendas ventajas de Adobe Photoshop es que deja crear y trabajar con distintos niveles (en inglés, "Layers") con las imágenes y fotos. Los efectos y otros ajustes luego se aplican a uno o más niveles del gráfico. Sin embargo, hay que notar que al trabajar con múltiples niveles no se puede seleccionar una porción de la imagen total para después usar las herramientas de Photoshop como la Vara Mágica (en inglés, "Magic Wand") o el Timbre (en inglés, "Rubber Stamp"). Para poder trabajar con la imagen total de un gráfico que manifiesta más de un nivel, primero hay que rendir la imagen al seguir la secuencia: Layer > Flatten Image. Este proceso convierte los distintos niveles en uno, dejando así que el diseñador seleccione la imagen total para luego usar otras herramientas deseadas de Photoshop.

Sugerencia #4. Se puede realizar muchas imágenes con el uso de sombras. Se sugiere seguir una secuencia fácil y rápida para crear una sombra como: Niveles ("Layers") > Estilo del Nivel ("Layer Style") > Sombra ("Drop Shadow") o Sombra Interior. En la misma ventana se puede cambiar las características de la sombra.

Sugerencias relacionadas con la mantención de una calidad de imagen alta. Lo que sigue es una fuente no exhaustiva de sugerencias para procurar evitar productos de mala imagen.

Sugerencia #1. Es aconsejable evitar repetidos cambios de color de un formato a otro, por decir, de RGB a CMYK y de vuelta. Al mantener la imagen en uno u otro formato se evita que se pierda la calidad de color de la imagen.

Sugerencia #2. Se recomienda evitar almacenar el mismo afiche JPEG más de una vez. Según la misma referencia en la sugerencia anterior, cada vez que se comprime un afiche gráfico se pierde un poco de la información de la imagen, resultando en una pérdida de calidad de imagen.

Sugerencia #3. Si la meta es la de conseguir una imagen clara y nítida, hay que evitar el uso excesivo de filtros, efectos y ajustes a través de las herramientas para hacer curvas y niveles (en inglés, "Curves" y "Levels"). Claro está, se usan estas herramientas para realzar una imagen, pero no hay que pasarse en su uso. Al igual que pasa con la transformación de colores y con la compresión de afiches, cada vez que se usan estas herramientas se pierde información digital. La solución es bajar el uso de filtros y efectos, especialmente en las fotos en que se encuentran personas. Una excepción a esta sugerencia se menciona abajo.

Herramientas	Propósitos
Vara Mágica y otras	Seleccionar una parte de la imagen para después trabajar en ella
Lápiz, Brocha, Borrador y Gradas ("Gradient Tool" en inglés)	Pintar y borrar encima de una imagen
"Type Tool"	Escribir texto sobre la imagen
Gotero	Elegir colores
Timbre	Rehacer partes de la imagen
Mano ("Hand") y Zoom	Navegar a través de la imagen
Filtros, Curvas, Colores y Niveles	Realzar o adaptar imágenes enteras o partes de imágenes
Efectos especiales	Crear nubes, agua, arena, y otros efectos

Figura 13: Los propósitos de algunas herramientas de Photoshop

Sugerencias para usar las herramientas de Adobe Photoshop que están en la paleta de herramientas (en inglés, "Tools Palette"). Las herramientas de Photoshop son para editar y realzar imágenes y crear efectos especiales. Entre los propósitos específicos que tienen estas herramientas figuran los que se dan en la Figura 13. La primera columna da las herramientas de Photoshop y la segunda da los propósitos respectivos.

Sugerencia #1. Una de las herramientas más usadas para seleccionar una parte de la imagen según los tonos de color para poder después trabajar en ella es la Vara Mágica. Es posible variar la tolerancia de esta herramienta para seleccionar más o menos píxeles de la imagen para modificar. Aunque la tolerancia establecida es treinta y dos (32), este número se puede subir o bajar al entrar otro número en la barra de opciones. Se sugiere entonces, colocar un número más grande para seleccionar más píxeles y colocar un número menor para seleccionar menos píxeles que modificar.

Sugerencia #2. La herramienta Gradas de la paleta de herramientas se usa para crear un fondo o llenar una selección de la imagen. Esta herramienta emplea dos colores para graduar el color (del color del primer plano al color del fondo) en la parte seleccionada de la imagen. Sugerencias para el uso de esta herramienta: se recomienda experimentar con la selección de colores y con el punto inicial y el punto final para tener los resultados esperados, y se recomienda experimentar con las herramientas de selección para después llenar una parte de la imagen con la sucesión de colores elegida.

Sugerencia #3. En algunos casos al sacar fotos digitales o al escanear fotos existentes, la imagen se ve con poca claridad debido a una falta de luz natural causada por la niebla o las nubes. Fong (2003) presenta tres soluciones para este problema. Primero, sugiere emplear la paleta Niveles para aclarar la foto entera. Segundo, se usa la Vara Mágica para seleccionar y luego sacar el cielo. Finalmente, con azul como el color del primer plano y blanco el color de fondo, se selecciona el cielo y se usa Gradas para crear un cielo nuevo más brillante. Otra manera de cambiar el cielo es el uso de uno de los efectos que se llama "Clouds Effect" (Effects > Render > Clouds) una vez que se haya seleccionado el área para cambiar. Lo único es que esta última técnica tiende a producir resultados algo sicodélicos.

Sugerencias para el uso de los Efectos de Photoshop. Si efectivamente Photoshop se conoce primeramente por sus herramientas para editar las imágenes (Niveles y Curvas), no vienen mucho a la zaga la popularidad del uso de los Efectos. Con los Efectos se puede modificar partes seleccionadas de las imágenes, creando formas, aplicando el efecto de esponja, el de cromo, el de plástico, el hacer más borrosa o más nítida la imagen y muchos otros. Hasta se puede comprar efectos adicionales compatibles con

PhotoShop de otras compañías de software.

Sugerencia #1. Dentro de lo posible, evite el uso excesivo de los efectos. Cada vez que se usan, se pierde información digital original de la imagen.

Sugerencia #2. La excepción de la sugerencia anterior: experimente con el uso repetido de un efecto en la parte seleccionada de una imagen. Al usar un efecto más de una vez (e.g. Granos, en inglés, "Grain"), se puede crear resultados bien interesantes.

Sugerencias generales. Aquí vienen algunas sugerencias que serán de beneficio general.

Sugerencia #1. No importa la tecnología que se use, siempre hay que estar consciente de y seguir las pautas establecidas para proteger los derechos de los autores. Por eso, se recomienda leer, entender y seguir la licencia que acompaña el software. Esto ayuda a mantener al diseñador fuera de problemas legales. La esfera académica tiene ciertas ventajas en cuanto al uso de productos que tienen derechos de autor. El uso justo (en inglés, "fair use") es una combinación de principios que le da más libertad de uso de materiales protegidos a los estudiantes y al equipo docente para propósitos netamente académicos (véase: http://www.umuc.edu/library/copy.shtml).

Sugerencia #2. Complemente el uso de Photoshop con el empleo de otros programas de software. Por ejemplo, Adobe Illustrator emplea ciertos efectos no se incluyen con Photoshop. Por otro lado, los productos de Photoshop pueden usarse en otros programas. Por eso las imágenes hechas en PhotoShop pueden usarse en informes digitales montados con Microsoft PowerPoint, o Apple Keynote o incluso con software para editar el video digital como Adobe Premiere o Apple iMovie. Finalmente, se puede aprovechar los niveles de una imagen hecha en Photoshop al animar cada nivel en programas como Apple Motion o Adobe After Effects.

Luego las imágenes animadas se pueden usar con informes digitales o con el video digital.

Sugerencia #3. Conviene aprovechar el uso de fotos e imágenes existentes con Adobe Photoshop. Una fuente importante es el Internet con multitudes de sitios comerciales. Por ejemplo, el sitio, www.fotosearch.com, tiene acceso a los productos de fotos, imágenes y video de unas ciento veinte (120) compañías. Entre las compañías que aparecen son Comstock, Corbis, Creatas, ImageSource, y Photodisc.

Preguntas:

1. ¿Cuáles son algunas fuentes de imágenes gráficas? ¿Cuáles prefiere (preferiría) usar usted?
2. ¿Cuál(es) de las herramientas de Adobe Photoshop usa (usaría) usted más? ¿Por qué?
3. ¿Cuál(es) de las sugerencias para el uso de Adobe Photoshop parecen más útil(es)?

Cuanto alcanza la Red, tanto vale.

Capítulo 10: Recursos prácticos en línea en español

Introducción

En este capítulo se presenta un resumen de algunos usos prácticos de la Red para hispanohablantes y aprendices del español. Con este propósito se incluye información respecto a tener acceso al Internet, respecto a su navegación, respecto a sitios específicos, y respecto a los fenómenos llamados blog y podcast. Como se podría imaginar, el español está muy bien representado en la Red. Hay información original que procede de países hispanos, de los grandes sitios de noticias en inglés, por decir, CNN y BBC, de sitios de información general como Wikipedia (en español), y de sitios de entretenimiento como iTunes, que tiene sus páginas respectivas en español.

Conectándose al Internet

Para poder aprovechar la Red, por supuesto hay que poder conectarse. Conseguida la computadora con el software apropiado, el teléfono celular o iPod, se conecta de una forma inalámbrica o con los conectores necesarios. Hace falta subscribirse a uno de varios servicios comerciales o proceder a través de vías académicas o bibliotecarias que proveen el servicio para conectarse al Internet. Estando en casa, se conecta a través de un módem (o "módulo") que conecta la computadora con el teléfono (con el interfaz USB), se conecta a través de un cable o se conecta de forma inalámbrica. En el trabajo o en la universidad normalmente la conexión se hace a través de una conexión tipo Ethernet o en forma inalámbrica. Mientras más rápida la conexión, mejor, ya que se demora uno tanto en buscar como en bajar (y subir) información a través de la Red, especialmente cuando se trata de audio, de video y de programas enteros de software. Por ejemplo, para actualizar un programa de software, como ser Adobe Photoshop, se demora uno como once (11) horas con una conexión telefónica con módem de una velocidad de cincuenta y seis (56) Kbps. Esto se compara con los cuatro a cinco minutos que se demora uno empleando una conexión rápida de Ethernet o una conexión inalámbrica.

Navegando por el Internet

Para navegar a través del Internet se emplea uno de varios programas tipo navegador. Los navegadores de Red (en inglés, "Web browsers") que más se viene usando son Microsoft Internet Explorer, seguido de Mozilla Firefox y Apple Safari. Cada cual tiene sus preferencias de navegador de Red y por supuesto, generalmente (no siempre) conviene tener instalada la versión más reciente para alcanzar mayor grado de éxito en la búsqueda de y acceso a afiches y programas en línea.

Motores de búsqueda (del inglés, "search engines"). Google, Yahoo y Netscape son los motores de búsqueda más conocidos en los Estados Unidos y por eso más empleados aquí para buscar la información que uno desea encontrar. Las direcciones en el Internet para estos programas son fáciles de recordar: WWW.Yahoo.com;

WWW.Google.com; y WWW.Netscape.com. Por fortuna además de ayudar a localizar los sitios deseados, estos programas motores de búsqueda ofrecen otros servicios como ser una cuenta gratis de correo electrónico.

Acceso a sitios específicos en línea. Para poder leer la mayoría de los afiches en línea no hace falta tener ningún programa de software en especial. Uno simplemente hace clic en la dirección virtual deseada, llega a la página principal, y tiene acceso de inmediato a la información. Sin embargo, para tener acceso a ciertos tipos de afiches uno necesita instalar software tipo plug-in. Los afiches .pdf (del inglés, "portable document file") por ejemplo, requieren el software Adobe Acrobat Reader; para poder ver ciertas imágenes gráficas animadas hace falta instalar Adobe Flash Player; para poder ver segmentos de video hace falta tener Apple Quicktime, Windows MediaPlayer u otro programa parecido; y para bajar canciones y películas de la tienda iTunes hace falta tener iTunes.

Tácticas para filtrar la información del Internet. Muchas veces el que busca información en la Red quiere evitar cierto contenido violento, anti-étnico o sexual. Los navegadores de Red emplean controles que se ajustan para limitar o filtrar la información no deseada.

Tácticas para llegar a la información virtual más rápido. Habiendo tanta información en el ciberespacio, una vez que se está en línea la tarea principal es navegar por los posibles sitios virtuales, saltando los sitios que no sirven y siguiéndoles la pista a los que vienen al grano hasta alcanzar la información específica que uno busca. Claro está, con práctica uno se adiestra en las técnicas necesarias para hacer más efectivo este proceso. Algunos procedimientos comunes para acortar la búsqueda son: colaborar con otros; usar etiquetas (en inglés, "tags") y emplear más efectivamente los servicios existentes del motor de búsqueda empleado. Además, muchos buscadores en el Internet se aprovechan de los artículos, libros y guías existentes tal como el artículo "Seven ways to save time surfing" (sin fecha) que provee información adicional respecto a surfear más rápido. Entre otras ideas, el autor de ese artículo sugiere familiarizarse con el software navegador y el motor de búsqueda que uno tiende a usar porque éstos tienen funciones que pueden acortar de una manera significativa la tarea de buscar información. Véase Calishain (2004) para varios principios relacionados con las búsquedas más eficaces.

Muestra de servicios en la Red

La Figura 14 da una idea a grandes rasgos de ciertos servicios que se encuentran en la Red.

Tipo de servicio	Ejemplos
Sitios informativos que proveen información de todo tipo: compra-venta, salud, bibliotecas, diarios, gobierno, geografía, ejercicios.	ww.ebay.com y www.craigslist.org
Información general de todo tipo	http://es.wikipedia.org/wiki/Portada y www.bbc.co.uk/mundo/index.shtml
Diccionario	www.rae.es
Biblioteca virtual (UNESCO)	www.wdl.org/es
Un blog que da información, fotos y video	http://www.newblog.com/
Compartir videos	youtube.com
Correo electrónico	gmail de google.com
Un podcast con audio y video	iTunes.com

CMS (siglas del inglés, Course Management System) o Sistema para Manejar Cursos) para clases por crédito académico	Blackboard/WebCT
Compartir fotos	flickr.com
Tutoriales	apple.com
Establecer y mantener contactos sociales	facebook, myspace, Twister
Libros electrónicos	eBooks.com
Servicios de editoriales para practicar español	myspanishlab.com y studyspanish.com
Utilidades	Rubistar.4teachers.org
Para buscar a personas	http://www.find-hispanics.net

Figura 14: Algunos servicios representativos del Internet

Sitios informativos prácticos en la Red. Hay tanta información en la Red que este libro se limita a explorar unos pocos que servirán a estudiantes y profesores de español. El primero es wikipedia en español. La dirección para la página principal de Wikipedia en español es http://es.wikipedia.org/wiki/Portada. De muchísima información, los usuarios mismos agregan la información y hacen los cambios y correcciones que ven necesarios. Por informativo que sea este sitio (y otros también), siempre hay que tener cuidado porque es posible encontrar errores de varios tipos, especialmente los errores de traducción, ya que mucha información viene directamente de fuentes que están en inglés. Por ejemplo, lo primero que se ve en la página principal es un gráfico con un globo, la palabra Wikipedia y el lema "La enciclopedia libre". Por cierto el sitio Wikipedia en inglés (http://en.wikipedia.org/wiki/Main_Page) tiene el mismo globo con el lema "The Free Encyclopedia". Ahora bien, la palabra inglesa "free" tiene dos significados comunes en español: libre y gratis. Más bien pareciera que en este caso convendría traducir "free" en inglés como "gratis" y no "libre" en español.

Otros sitios muy informativos son los que proveen las noticias a diario. Consisten en los motores de búsqueda como Google, los sitios de noticias como www.CNN.com y BBC.com que tienen páginas en español. Otros sitios son los de diarios nacionales en español como www.elmundo.es/, www.20minutos.es/ y www.20minutos.tv de España y www.elmercurio.com de Chile. Si se quiere, se puede tener acceso a una serie de periódicos en español de Latinoamérica al mismo tiempo al hacer clic en las siguientes direcciones: http://urumelb.tripod.com/periodicos_index.htm y http://lanic.utexas.edu/la/region/news/indexesp.html.

Finalmente, hay sitios en la Red donde uno puede practicar el español como www.studyspanish.com, donde se presentan dos versiones de ejercicios de gramática, una versión gratis y la otra pagada. Y http://www.rae.es/ es un sitio imprescindible para estudiantes y profesionales. Es el que da acceso al diccionario de la lengua española y el Diccionario Panhispánico de dudas de la Real Academia Española. También conviene consultar el sitio www.bbcmundo.com para información actual y cultural.

El blog

Un fenómeno bastante nuevo y por cierto cada vez más popular es el blog. Según Wikipedia en español (http://es.wikipedia.org/wiki/Blog):

> Un **blog**, o en español también una *bitácora*, es un sitio de web periódicamente actualizado que recopila cronológicamente textos o artículos de uno o varios autores, apareciendo primero el más reciente, donde el autor conserva siempre la libertad de dejar publicado lo que crea pertinente.

O sea, el blog individual es una publicación virtual donde se encuentra todo tipo de información. Además de texto puede tener gráficos, audio, y segmentos de video. Esta información está a un clic, o si está archivada, a un par de clic. De hecho, recorriendo el Internet se ve que hay varias clasificaciones de blog... el blog simple de texto, el de texto con gráficos, el blog con audio, y el blog con video (conocido como vlog), que viene en forma de video.

Además de informar sobre cualquier tema, el blog sirve otros propósitos, entre los cuales figuran los siguientes: enseñar, servir de diario de viaje o diario personal, discutir temas, y hacer dinero a través de ventas o consultas. Entre los servicios en la Red para el blog están: los motores de búsqueda se ofrecen para buscar (e.g. Blogsearch de Google); los directorios de blog como Blogger Central de Tecnorati (http://technorati.com/blogging/), Blogsfera (www.blogsfera.com) y "the house of blogs de España" (www.thehouseofblogs.com), que es un directorio de blog con archivos y eslabones a más de 6000 ejemplos en español, de los cuales 392 son de temas (etiquetas o "tags") tipo tecnología/Internet. Algunos directorios de blog hasta evalúan los blog individuales, dándoles rangos. Hay directorios del blog fotográfico como el que se da en www.coolphotoblogs.com y www.photoblogs.org/hot/, y directorios del blog con video como el que se encuentra en el sitio http://www.squidoo.com/vlogs. Los directorios de blog normalmente tienen cientos de eslabones a sitios con multitudes de etiquetas o temas. En todo caso, hay que tener cuidado para evitar los sitios no deseados como ser los que presentan temas ofensivos para ciertas personas.

La construcción de un blog. Hay servicios que dejan que uno mismo haga y almacene su blog sin costo alguno. Para componer un blog, lo primero que hay que hacer es localizar un sitio en el Internet que tiene los recursos necesarios. Afortunadamente hay muchos de estos y no es necesario usar lenguajes de programación. Algunos de los sitios en el Web donde uno puede crear su propio blog se dan abajo en la Figura 15.

Una vez en uno de estos sitios (u otro parecido), uno va siguiendo las direcciones para crear el propio blog, comenzando con la página principal. Muchos, si no todos los sitios tienen plantillas o modelos para trabajar, algunos con la posibilidad de incluir fotos.

Sitio	Descripción
http://www.blogger.com	Sitio que se accede a través de Google. Hay direcciones en varios idiomas
http://www.blogia.com	Sitio español que deja crear blog en español
http://www.blogsome.com	Sitio con direcciones en inglés que tiene temas de "wordpress" y varias plantillas desarrolladas
http://wordpress.com	Sitio con direcciones en inglés a más de dos millones de blog
http://www.zoomblog.com	Sitio que está en español con numerosas plantillas ya hechas. Está integrado con Flickr.com
http://www.newblog.com	Sitio con direcciones en inglés y plantillas con posibilidades de agregar fotos
http://www.mac.com	Sitio pagado de Apple que funciona con Apple iWeb
http://blogwindows.es	Da información acerca de las versiones de Windows
http://www.dzoom.org.es	Blog de fotografía digital: (productos y secretos digitales)

Figura 15: Sitios en la Red para crear un blog

Claro está, se entiende que cada diseñador de blog personaliza su blog. Si se quiere, se agregan más páginas y se hacen eslabones a otros sitios en la Red y finalmente se publica el blog en el Internet.

Un resumen de las etapas para un crear un blog se dan en español en el sitio: http://www.freevlog.org/translations/spanish/. Consejos para comenzar un blog se dan en: www.problogger.net. Entre los consejos que se dan figuran consejos para comenzar, para mejorar el contenido del blog, para hacer dinero con el blog y otros. Para más información respecto al Vlog está el artículo, "7 things you should know about Videoblogging" (2005), con acceso al siguiente sitio: http://connect.educause.edu/Library/ELI/7ThingsYouShouldKnowAbout/39382?time=1200711264. Un sitio para discutir temas relacionados con el videoblogging es: http://tech.groups.yahoo.com/group/videoblogging/. Finalmente, muchos foros para aprender más acerca de la producción de video para estudiantes se encuentran en el sitio http://www.studentfilmmakers.com/.

El Podcast

Otra tecnología relativa nueva es la del podcast. El podcast generalmente consiste en segmentos de audio, pero también los hay tipo segmento de video como los que se encuentran en iTunes, que no sólo tiene podcast, sino también canciones, películas y programas de la televisión. Como es el caso del blog, son de todos los temas y se almacenan en una computadora o en la Red. Para tener una idea de la variedad de que goza esta tecnología, conviene visitar un directorio virtual de podcast. Existen muchos en la Red. Entre los más conocidos (ya mencionado) es el sitio en línea de la tienda iTunes. Entre otros directorios figuran podcastalley.com y sportspodcasts.com. En algunos casos la suscripción al podcast es gratis mientras que en otros es necesario pagarla.

La construcción de un podcast. El proceso de crear un podcast es un tanto más complicado que el de hacer un blog. A menos que se encuentre un sitio en la Red como www.mypodcast.com que no sólo tiene un almacenaje de ejemplos, sino que deja que uno grabe y almacene su propio podcast, uno mismo necesita su computadora tipo servidor de Red para guardar los afiches. Básicamente, hay que tener el audio y/o video que se va a usar. El programa, sea música, un diálogo, un informe oral, o cualquiera otro segmento de audio, se tiene que convertir en un afiche de audio con el formato de .mp3. Muchos usan el software gratis llamado Audacity para grabar con Windows (http://audacity.sourceforge.net/) y Macintosh y Apple GarageBand con Macintosh. El afiche .mp3 se guarda en el servidor de Web junto con un afiche textual que describe el audio y se empareja con él. Según la información que está en el sitio http://radio.about.com/od/podcastin1/a/aa030805a.htm, un podcast consiste en (traducido al español):

- Un afiche de contenido audio creado en el formato de .mp3.
- Que contiene su programa de radio o cualquier otro segmento de audio que quisiera tener…
- Que se coloca en el Internet junto con un afiche RSS (siglas en inglés para "Really Simple Syndication") a un servidor (por ejemplo, una página en la Red)…
- Que el auditorio intencionado pueda bajar el audio del Internet empleando uno de varios programas que han sido creados para buscar y sacar su afiche de audio automáticamente…
- Para que puedan escucharlo a sus anchas en su iPod u otra máquina que toca el formato .mp3.

Hay muchos sitios en la Red como los siguientes: http://oit.umass.edu/academic y http://www.onlypodcasting.com/podcasting-articles/creating-a-podcast.php y Radio.about.com que explican el proceso de hacer un podcast en más detalle.

Preguntas

1. ¿Cuáles son los sitios en español que están localizados en el Internet que usted visita con frecuencia?
2. ¿Tiene usted subscripción a un podcast? Explique. Si no, busque en la tienda iTunes o en otro sitio mencionado en este capítulo y subscriba a un podcast gratis que sea de su interés.
3. Ande a un sitio gratis en la Red que existe para crear un blog y trate de hacer un blog sencillo.
4. ¿Cuáles serían algunas aplicaciones del blog y del podcast en las clases de español?

Que no estén tranquilos… que no todos gozamos de una tecnología adecuada.

Capítulo 11: El uso equitativo de la tecnología

Introducción

El acceso equitativo a la tecnología para todos ha sido una meta fundamental en las esferas académicas desde los comienzos de su uso en las escuelas y universidades más afortunadas. Por suerte, con el paso del tiempo los precios de la tecnología en general y para usos académicos en particular están en bajada, resultando en un uso más generalizado. Y por otro lado, tenemos la primera "generacion digital" de jóvenes que han estado con MTV, con el iPod, con teléfonos celulares y con computadoras personales desde una edad muy temprana. Ya no existe ese temor, esa incertidumbre, de parte de muchos usuarios de usar la tecnología. Por cierto ciertos jóvenes son más diestros en el uso de la tecnología digital que sus padre que que sus maestros y profesores. Y para no quedar atrás, los profesores cada vez más emplean la tecnología para sus propósitos profesionales docentes, para sus investigaciones, y para ofrecer mejor servicio a los estudiantes, a sus instituciones, y a sus comunidades.

Entre las preocupaciones predominantes respecto al uso equitativo de la tecnología figuran las tres siguientes: 1) el conseguir la tecnología apropiada; 2) que haya un acceso general a la tecnología sean cuales sean los usuarios; y 3) el tener el tiempo suficiene como para aprender a usar la tecnología existente y luego para poder emplearla para propósitos prácticos.

Consiguiendo la tecnología adecuada

La primera preocupación en cuanto al uso equitativo de la tecnología es poder conseguir el hardware y software apropiados que se necesitan para los propósitos específicos académicos. Entre las dificultades en el camino para conseguir la tecnología necesaria suelen aparecer las siguientes:

- Uno se encuentra en las siguientes circunstancias: existe una tecnología anticuada, y sencillamente hay que ponerse al día con la compra de nuevos sistemas de hardware y software. En algunos casos la meta es ir actualizando poco a poco los sistemas existentes.
- A veces no hay fondos económicos suficientes para conseguir la tecnología requerida. Entonces hace falta un mayor presupuesto para comprar la tecnología necesaria. En caso contrario se queda con lo que se tiene o se consigue una tecnología más limitada. Los fondos económicos varían a través de las distintas instituciones acdémicas (e incluso a través de los departamentos). Por ejemplo, mientras que algunas instituciones se preocupan de tener un sitio donde las clases pueden ir para usar computadoras, otras buscan tener salones computarizados para todas las clases.
- A veces no es cuestión de fondos económicos sino de quién hace las decisiones. Así que a veces hace falta

tener más autoridad para decidir qué tecnología adquirir. Dejar que otros hagan las decisiones puede resultar en la compra de una tecnología que no se emplee al máximo.
- En otras ocasiones hay que encontrar más hardware y software para ciertos grupos específicos. Por ejemplo, los estudiantes de español por ser el grupo de estudiantes de lenguas más grande pueden tener más aceso a la tecnología, en particular software para ejercicios de práctica, que los estudiantes de otros idiomas.
- Finalmente, el uso de la tecnología existente puede limitarse por ser muy complicada para los usuarios, tanto profesores como estudiantes.

Asegurando el uso equitativo de la tecnología

Una segunda preocupación es que una vez conseguida la tecnología requerida, hace falta asegurar que su uso sea equitativo. De hecho, las tazas de graduación de ciertas minorías tradicionales de las escuelas secundarias figuran muy por debajo de las de otros grupos de los estudiantes en los Estados Unidos. Por ejemplo, el grupo minoritario asiático en muchas esferas alcanza mejores resultados que otros grupos. La situación sería aún más grave si no fuera por las universidades minoritarias que fomentan el uso de la tecnología por los estudiantes de las minorías étnicas. En particular, por décadas el gobierno federal ha concedido fondos económicos a través del programa de Title III HBCU (por las siglas en inglés, "Historically Black Colleges and Universities") a universidades minoritarias para fomentar mayor uso de la tecnología.

Suelen haber diferencias de equidad de uso en cuanto a los tipos de instituciones académicas como ser las universidades públicas, las universidades privadas, las instituciones académicas de pregrado de dos años (las llamadas "community colleges" en inglés) y las escuelas secundarias. De hecho, en Texas hay más estudiantes que asisten a las instituciones de pregrado de dos años que los que asisten a las universidades públicas, y si hay diferencias en cuanto al acceso a la tecnología entre los dos tipos de instituciones, entonces sería un hecho significativo.

Todas las universidades son diferentes en cuanto al número de idiomas que se enseñan. En algunas instituciones académicas se viene enseñando cada vez menos idiomas, mientras que en otras se viene enseñando más idiomas. Y la matrícula para ciertos idiomas, los más populares, ha ido subiendo durante los últimos cinco años. El español como segunda lengua es el que más se enseña a través del país. De hecho, según un estudio de hace unos diez años de la MLA ("Modern Language Association), más estudiantes universitarios se matriculan en cursos de español que en todos los otros idiomas juntos (menos que el inglés como segunda lengua, por supuesto). Y por ser el idioma que más crece en popularidad es muy probable que el presupuesto para hardware y software para el uso de los estudiantes de español sea mucho mayor que el presupuesto que existe para los otros idiomas. Y por eso los estudiantes de español en general tendrán mayor acceso a materiales digitales que los de otros idiomas.

- Algunas de las situaciones que vienen manifestándose son:
- Puede haber más cursos ofrecidos a través del Internet en algunos idiomas que en otros.
- Algunos profesores usan la tecnología más que otros.
- Ya que cambia rápidamente la tecnología, hay que entrenarse más en su uso: hace falta tener a mano más personal para ayudar a usar la tecnología y hace falta tener más talleres para aprender a usar el software.
- Hay diferencias en cuanto a la diversidad étnica y socioeconómica de los usarios:
  » Convendría incrementar la diversidad étnica de

estudiantes en algunas clases de idiomas.
» Algunas instituciones tienen muy pocos estudiantes internacionales.
» En algunos casos hay poca diversidad étnica entre el profesorado.
» En algunas zonas geográficas que gozan de un alto procentaje de habitantes de una o más minorías étnicas no hay un número representativo de estudiantes escolares y universitarios que podrían gozar del uso de la tecnología.
» Para incrementar la diversidad socioeconómica de los estudiantes sería bueno incorporar a más estudiantes que no tienen padres que han asistido a la universidad. Algunos de éstos hablan dialectos no académicos de segundas lenguas.

Tiempo suficiente para aprender a usar y para emplear la tecnología existente

Una tercera preocupación es que no hay tiempo suficiente en el día para aprender a usar bien y luego emplear efectivamente la tecnología para propósitos académicos.

- Hace falta tener más tiempo para mantenernos al día para usar de una manera efectiva la tecnología.
- Hace falta más tiempo para desarrollar o en todo caso buscaar materiales digitales.
- A veces la tecnología no es tan estable o efectivo y se pierde tiempo usándola.

Encuesta sobre el uso equitativo de la tecnología

Con motivo de enfocarse más en el tema central de este capítulo, el uso equitativo de la tecnología para propósitos académicos, se ofrece en las siguientes hojas una encuesta que se les podría dar a administradores, a profesores y a estudiantes. La primera parte de la encuesta abarca una sección con preguntas para elicitar información respecto al uso actual de la tecnología. La segunda parte consta de una sección diseñada para elicitar información en cuanto a la diversidad en las siguientes areas: los idiomas enseñados, los niveles de idiomas que se enseñan, y el tipo de institución académica que representan los participantes de la encuesta. Aunque pocas personas contesten las preguntas de la encuesta, los resultados de la encuesta pueden servir de punto de partida para discusiones interesantes.

Encuesta voluntaria sobre el uso de la tecnología

Direcciones: conteste las preguntas según sus experiencias, marcando todas las respuestas que aplican.

1. ¿En qué tipo de institución se encuentra?
   ___ Pública de dos años
   ___ Pública de cuatro o más años
   ___ Religiosa
   ___ Privada

2. ¿Es minoritaria (hispana, africano-amiericana, etc.) su institución?
   ___ Sí
   ___ No

3. ¿Cuántos idiomas (el inglés como segunda lengua inclusive) se enseñan en su institución? _____

4. ¿Se enseñan idiomas tradicionales (e.g. español, francés, alemán, latín…)?
   ___ Sí
   ___ No

5. ¿Se enseñan idiomas menos tradicionales (e.g. chino, arabe, ruso…)?
   ___ Sí
   ___ No

6. ¿Se enseña el inglés como segunda lengua en su institución?
___ Sí
___ No

7. ¿Cuál es la tendencia de los últimos años en su institución?
___ Enseñar más idiomas que antes
___ Enseñar la misma cantidad de idiomas que antes
___ Enseñar menos idiomas que antes
___ No sé

8. ¿Cuál es su papel actual? _____
___ Personal de laboratorio (director, técnico, asistente)
___ Instructor de lenguas
___ Personal administrativa
___ Estudiante
___ Otro: (especifique) _____

9. En su estimación, ¿Cuál es la representación de las distintas etnicidades en su institución educativa?

Grupo étnico	Representación (%)
Decendencia africana, no hispana	
Indígena de norteamérica o de Alaska	
Asiática o de islas del Pacífico	
Hispana	
Europea, no hispana	
Otro	

10. ¿Cuál es el nivel percibido de acceso (alto, mediano o bajo) que tienen estos grupos a la tecnología para propósitos académicos?

Grupo étnico	Nivel percibido
Decendencia africana, no hispana	
Indígena de norteamérica o Alaska	
Asiática o de islas del Pacífico	
Hispana	
Europea, no hispana	
Otro	

11. ¿Qué tecnología existe para el uso de los estudiantes de lenguas?
 ___ Laboratorio multimedia
 ___ Salón(es) de clase digital(es) ¿Cuántos hay? _____
 ___ Hardware portátil
 ___ Otra: (especifica aquí) _____

12. ¿Cuáles son los usos actuales de la tecnología existente?
 ___ Sirve para preparar tutoriales
 ___ Sirve para presentar/aprender materia
 ___ Permite que los estdiantes hagan la tarea
 ___ Otros usos: (administrar exámenes, matrícular a los estudiantes, ofrecer práctica adicional, clase): _____

13. ¿Cree usted que la tecnología existente tiene poco uso en su institución?
 ___ No, la demanda requiere más tecnología
 ___ Se usa bastante, pero podría usarse más
 ___ Por cierto, deberíamos estar usando la tecnología existente mucho más

14. ¿Usted usaría la tecnología más para la enseñanza si…
___ Tuviera más acceso a la tecnología
___ Tuviera más tiempo para aprender y usar la tecnología existente
___ Fuera más fácil de usar la tecnología existente
___ Tuviera sesiones gratis para aprender a usar la tecnología

15. ¿Cuáles son las oportunidades existentes para aprender a usar esta tecnología?
___ Talleres/sesiones frecuentes
___ Talleres/sesiones ocasionales
___ Hay pocas oportunidades en realidad

16. ¿Hay ayuda para usar la tecnología?
___ Sí, siempre hay personal presente para ayudarle al usuario
___ Sí, se puede mandar a pedir ayuda
___ Sí, uno recibe ayuda por teléfono o en línea
___ No, no hay nadie para ayudar

17. ¿Cuándo usan la tecnología los estudiantes?
___ Cuando los estudiantes individuales van al laboratorio o al centro de multimedia
___ Durante clases regulares en un salón digital
___ Cuando las clases van al laboratorio
___ Sólo en su tiempo libre a través del Internet en casa

18. ¿Se espera que los profesores desarrollen sus propios materiales digitales?
___ Sí
___ No
___ No sé

19. ¿Es obligatorio, o sea, es parte de la nota que los estudiantes practiquen en el laboratorio de lenguas o en el centro de multimedia, haciendo ejercicios digitales en la Red?
___ Sí
___ No

Preguntas.

1. Después de administrar la encuesta a unos administradores, profesores y/o estudiantes de lenguas en su institución académica, haga un resumen de los resultados y luego comente los resultados en cuanto al uso de la tecnología.
2. ¿Cree usted que hay preocupaciones y hasta envidia de parte de los estudiantes y profesores de las segundas lenguas tradicionales como ser el francés y el alemán al ver la gran popularidad del español? ¿Son justificadas estas emociones?
3. Mencione unas cosas que quisiera hacer usted con la tecnología en el futuro. Algunas posibilidades son:
    - Crear informes orales con video
    - Incorporar más tecnología en la sala de clase; hacen falta más salones digitales
    - Emplear un software social efectivamente para propósitos académicos
    - Cambiar el software que hemos creado
    - Que los estudiantes hagan un blog
    - Hacer animaciones "flash" con audio e interacciones
    - Tener tutoriales para estudiantes a base de software
    - Tener más ponencias con tecnología en las clases
    - Tener más cursos en línea
    - Continuar aprendiendo a usar más programas de software para desarrollar materiales digitales

Referencias

Adobe Creative Suite 4 Design Premium: Classroom in a Book. (2009). Berkeley: Peachpit Press.

Adobe Photoshop 7.0: Classroom in a book. (2002). San Jose: Adobe Systems, Inc.

Advanced Adobe Photoshop. (1994). San Jose, CA: Adobe Press.

Baumgardt, M. (2003). Adobe Photoshop 7 Web Design with GoLive 6. Mountain View, CA: Adobe Press.

Brown, H. D. (1980). Principles of language learning and teaching. Englewood Cliffs, NJ: Prentice-Hall.

Calishain, T. (2004). Eleven principles for more efficient Internet searching. From http://www.websearchgarage.com.

Cohen, L. S. & Wendling, T. (1995). Professional studio techniques: Design essentials 2/e. Mountain View, CA.: Adobe Press.

Cohen, W. E., Wohl, M., Harrington, R. y Plummer, M. (2009). iLife '09: iPhoto, iMovie, GarageBand, iWeb, iDVD. Berkeley: Peachpit Press.

Cope, P. (2002). <u>Web Photoshop expert: Use Photoshop to create fantastic web pages</u>. New York: Sterling Publishing Company.

Copyright and fair use in the classroom, on the Internet, and the World Wide Web. (2005). De http://www.umuc.edu/library/copy.shtml. Bajado el 11 de junio, 2009.

Currier, B. (1996). Video Digitizing Tips and Tricks. De http://www.synthetic-ap.com/qt/tiptrick.html. Bajado el 4 de junio, 2009.

Davis, J. & Dayton, L. (2003). <u>Adobe Photoshop 7: one-click wow!</u> Berkeley: Peachpit Press.

Dayton, L. & Davis, J. (1995). <u>Photoshop 3 WOW! book</u>. Berkeley: Peachpit Press.

Fong, K. (2003). "Clear a foggy day", MacAddict 88 (dic.), vol. 74.

Deitz, C. (2009). How to create your own Podcast – A step-by-step tutorial. De http://radio.about.com/od/podcastin1/a/aa030805a.htm. Bajado el 21 de agosto, 2009.

Lohr, L. (2003). <u>Creating Graphics for Learning and Performance: Lessons in visual literacy</u>. Columbus, Ohio: Merrill Prentice Hall.

McClelland, D., & Eismann, K. (1998). <u>Photoshop: Studio secrets</u>. Foster City, CA: IDG Books Worldwide.

Oller, J. W. (1981). Research on measurement of affective variables: Some remaining questions. In R. W. Andersen (Ed.), <u>New dimensions in second language acquisition research</u>. Rowley, MA: Newbury House Publishers, Inc.

Rose, J. (2000). <u>Producing Great Sound for Digital Video</u>. Miller Freeman Books: Book division.

Rule, J. Shooting the video. De http://wdvl.Internet.com/Authoring/Languages/XML/SMIL/RealVideo/shooting.html. Bajado el 4 de junio, 2009.

Smith, J., Smith, C. y Gerantabee, F. (2009a). <u>Adobe Creative Suite 4 Design Premium all-in-one for Dummies</u>. Indianapolis: Wiley.

Smith, J., Smith, C. y Gerantabee, F. (2009b). <u>Adobe Creative Suite 4 Web Premium all-in-one for Dummies</u>. Indianapolis: Wiley.

Seven ways to save time surfing. (Sin fecha). De www.researchbuzz.com/sevenways.pdf. Bajado el 9 de junio, 2009.

Sullivan, J. P. (2005). Customizing Graphics for online language courses: Examples from Spanish. De U. S. Lahaie (Ed.), <u>From chalkboard to blackboard: New technologies for language teaching and Learning</u>. NY: iUniverse, Inc., 71-84.

Sullivan, J. P. (2002a). Yucatán 2002. De U. S. Lahaie (Ed.), <u>Creating cross-cultural Communications: A critical goal of technology-enhanced language instruction.</u> Lincoln, NE: Writers Club Press, 130-140.

Sullivan, J. P. (2002b). Yucatán 2002. Producción de video digital no publicada.

Sullivan, J. P. (2000). Repurposing industry-standard software tools for language learning. De U. S. Lahaie (Ed.), <u>Uniting Language, culture, and technology in the new millennium</u>. 123-138. Kearny, NE: Morris Publishing, 62-75.

Sullivan, J. P. (1999). Digital-Video: Editing basics. De U. S. Lahaie (Ed.), <u>Language learning technologies: Hardware and software issues on the advent of a new millennium</u>. Kearny, NE: Morris Publishing, 62-75.

Sullivan, M. J. (1996). Sullivan's scanning tips & techniques on CD-ROM. Quincy, MA: Haywood & Sullivan, Inc.

7 things you should know about videoblogging (2005). De http//:net.educause.edu/ir/library/pdf/el17005.pdf. Bajado el 9 de junio, 2009.

Apéndice A: Glosario

Actualizar el hardware

Refiere al proceso de agregar o cambiar unos dispositivos electrónicos por otros más nuevos que representan adelantos tecnológicos. Se entiende que los componentes nuevos tienen funciones que van a realzar los usos del sistema existente de hardware. Algunos ejemplos de actualización de hardware son: instalar RAM adicional a una computadora; cambiar la unidad de procesamiento central por una más nueva y más rápida; y cambiar la tabla de video por una que tenga más memoria y que sea más rápida para acomodar pantallas más grandes y/o programas de software más nuevos y exigentes.

Actualizar el software

Refiere al proceso de conseguir e instalar nuevas versiones del software existente, sea software del sistema operativo o de otro tipo. Normalmente no hay costo alguno para las versiones nuevas que no manifiestan cambios significativos, o sea para las actualizaciones menores (en inglés "updates") mientras que para las actualizaciones mayores (en inglés, "upgrades") sí se suele cobrar.

Almacenar

Refiere a la actividad de guardar información digital en algún sitio en la Red o en dispositivos que funcionan a base de la memoria magnética (véase abajo) como ser un disco duro o dispositivo flash.

Analógico

Refiere al formato de datos electrónicos que emplea la tecnología de la televisión y VCR tradicionales. Entre las desventajas más notorias de este formato son el costo elevado, las distorsiones debidas a la interferencia electrónica y limitaciones que acompañan el procesamiento del video.

Angulo de vista

El la fotografía y la videografía, refiere a la parte de la escena que capta el objetivo. Por eso, el ángulo de vista depende del tipo de objetivo, de manera que un objetivo de ángulo más ancho (de gran ángulo) abarca más de la escena que otros objetivos de ángulos más estrechos, más telescópicos.

Barras de desplazamiento laterales y verticales

Refiere al efecto de escalera, a las terminaciones irregulares que comúnmente se ven al agrandar las imágenes que se hacen a base de píxeles. En inglés se dice "jaggies".

Caer en desuso

Refiere a la tendencia que tiene la tecnología de dejar de prestar su alto nivel de servicio al pasar el tiempo y con la llegada de una tecnología que suele ser más nueva, más eficaz y muchas veces más económica.

Cámara DV

Refiere a las máquinas que graban señales digitales de audio y de video. Un ejemplo de este tipo de grabadora es la Canon XL-1, que almacena los datos en el formato mini-DV.

CCD (por sus siglas en inglés, "charged-coupled device")

Refiere al dispositivo interior de las cámaras DV que procesa la cantidad de luz que entra. Se entiende que mientras más CCD tiene la máquina, más nítidas salen las imágenes.

CD-ROM (por sus siglas en inglés, "Compact Disk Read-Only Memory")

Refiere a la media lisa y redonda que se usa para almacenar hasta 650 MB de datos digitales.

Ciberespacio

Refiere a toda la información digital accesible a través de la Red.

Compresión

Refiere a la serie de estándares (como ser el JPEG) para reducir el tamaño de afiches digitales para su procesamiento y/o almacenamiento más rápido. Se achican los afiches a través del uso de hardware y/o software. Los afiches que se comprimen más son los que se preparan para uso en el Internet.

Correo electrónico o email (del inglés, "email", de "electronic mail")

Refiere al sistema de mandar y recibir mensajes digitales a través de una red. Se requiere que uno escriba su nombre (en inglés, "login name") y contraseña (en inglés, "password") para poder usar este servicio.

Curso híbrido (en inglés, "Web-assisted course")

Refiere a un curso que goza de un componente en línea sustancial, representando en algunos casos hasta un cincuenta por ciento de las actividades de la clase.

Curso en línea (en inglés, "Web-based course")

Refiere a una clase virtual que se enseña a través de la Red. Puede que el curso tenga una o más reuniones cara a cara reservadas para ciertos propósitos especiales como la orientación al curso o el examen final y algunos materiales no virtuales, pero lo fundamental es que se llevan a cabo las actividades del curso de una manera virtual.

Curso de formato tradicional

Refiere a una clase tradicional que se enseña cara a cara. Se convierte en un curso semi-virtual (en inglés, "Web-enhanced) a medida que incorpora un mínimo de apoyo en línea, como el uso del correo electrónico y un acceso a sitios donde uno puede encontrar entre otras cosas el programa de curso, el calendario oficial de curso y quizás algunos eslabones o enlaces virtuales importantes.

Digital

Refiere al método de representar los datos a través de números binarios. Los productos digitales no sufren de las pérdidas generacionales al copiarse.

Digitalización de segmentos de video analógico

Refiere al proceso de usar una computadora con un hardware y software apropiados para transformar segmentos grabados de video analógico (como los de VHS) en señales digitales. Para cumplir con este proceso hace falta tener la media analógica y el hardware analógico con cables para conectarse con la computadora a través de una tabla digitalizadora.

Diseñador gráfico

Refiere al artista digital que crea y realza imágenes con el uso de software como Adobe Illustrator.

DTV

Refiere a la televisión digital, que goza de imágenes de más alta resolución que la televisión analógica tradicional.

DVR (sigla que viene del inglés, "Digital Video Recorder")

Refiere a la versión digital de la VCR analógica. Un ejemplo es la Sony DSR 40, que emplea tanto las cintas mini-DV como las cintas DV.

En línea (también se dice "online")

Refiere a las actividades que se hacen al estar usando la Red.

Exposición (En inglés se dice "exposure")

En la fotografía, refiere al espacio de tiempo durante el cual la luz pasa por el objetivo y alcanza el interior de la máquina fotográfica. Usando las cámaras con función manual, se trabaja con el "número f" y el obturador (véase abajo) para fijar la exposición de las fotos.

Firewire (también, IEEE 1394 e ilink de Sony)

Refiere a uno de los estándares actuales de hardware tipo interfaz y cable que se usan para conectar el hardware periférico con el propósito de transferir datos digitales. Creado por Apple Computer Inc., es de dos versiones diferentes: Firewire 400 y Firewire 800, que viene reemplazando Firewire 400 en 2009.

Foco (enfocar)

El la fotografía y la videografía, refiere al ajuste del objetivo para sacar fotos claras.

Foco automático

El la fotografía y videografía, refiere al sistema en que el objetivo enfoca la escena automáticamente. Puede haber momentos de mal ajuste con el uso del foco automático como cuando hay movimiento en la escena.

Fotogramas

Refiere a las imágenes individuales que se sacan de segmentos de video digital.

Fuente de poder

Refiere a ciertos componentes reguladores de voltaje (generalmente encerrados en una caja) de un dispositivo electrónico como ser una computadora, una cámara digital, o ciertos discos duros externos.

Imágenes gráficas a base de líneas:

Refiere al uso de líneas (en inglés, "vectors") en lugar de píxeles para hacer ilustraciones digitales. La gran ventaja que tiene su uso es que al agrandar la imagen, no resultan las terminaciones irregulares que comúnmente se ven al agrandar las imágenes que se hacen a base de píxeles.

Imágenes gráficas a base de píxeles

Refiere al uso de pequeños cuadros para hacer ilustraciones digitales. Al agrandar las imágenes tienden a formarse barras de desplazamiento laterales y verticales (véase arriba).

Hardware periférico

Refiere a cualquier dispositivo que se agrega de manera inalámbrica o a través de cables para realzar el funcionamiento de la computadora huésped. Algunos ejemplos comunes de hardware periférico son los discos duros externos, las impresoras y los rastreadores ópticos.

Hipertexto

Refiere al texto con sus eslabones (de texto, de audio y de video) de los productos de multimedia y de la Red.

IDE (viene del inglés, "Integrated Drive Electronics"),

Refiere a un tipo de disco duro más lento y más económico que viene con las computadoras para el consumo general. Otro tipo de disco duro parecido e intercambiable con éste es el ATA.

Imagen (fem., también se dice el "motivo")

En la fotografía refiere a la escena que uno saca.

Interfaz o puerto (refiere a hardware aquí)

Refiere a los distintos tipos de sistemas de conectores con que se junta una computadora con el hardware periférico. (Véase Firewire, arriba, y USB, abajo.)

Interfaz gráfico o GUI (del inglés, "graphical user interface")

Refiere a la imagen que se ve en la pantalla al arrancar el sistema operativo de las computadoras a partir de la década de los noventa. Incluye todos los elementos cambiables como ser los iconos, las paletas y menúes, los cuadros para diálogos, y otros elementos.

JPEG

Es uno de los estándares comunes para comprimir los afiches digitales. Se usa mucho para las fotos e imágenes.

LAN (por sus siglas en inglés, "Local Area Network")

Refiere a una red local. Un ejemplo es la red que existe un laboratorio de lenguas.

Luz existente

En la fotografía y la videografía, refiere a toda la luz que se encuentra en la escena tanto natural como artificial.

El manejo de afiches

Refiere a todo lo que se efectúa para procesar afiches digitales: crear o borrar, copiar, mandar a otra computadora o de disco duro en disco duro, y cambiar de una media a otra.

Media comercial (en inglés, "digital stock")

Refiere a la media que se vende para producir otros productos digitales para la multimedia y para la Red. Abarca imágenes digitales, imágenes animadas, audio, y segmentos de video. En inglés el audio comercial se llama "B-Roll".

Media de derechos reservados (o "derechos protegidos")

Refiere a la media comercial que tiene usos restringidos. Con este tipo de meda es necesario comprar y seguir al pie de la letra los derechos (o licencias) de uso para los propósitos específicos.

Media libre de derechos de autor

Refiere a la media que se puede usar sin tener que pedirle permiso al autor.

Módem (también se dice "módulo")

Refiere al hardware de la computadora que convierte las señales digitales al formato telefónico común y corriente. Los módulos pueden ser internos o externos, conectándose actualmente los externos a través de un puerto USB.

Motion-JPEG

Refiere al estándar de compresión para reducir el tamaño de afiches de video digital.

Memoria electrónica (véase RAM, abajo)

Memoria magnética

Refiere al tipo de memoria que se emplea para almacenar datos digitales. Ejemplos son: los DVD, la cinta DV, y los discos duros.

Multimedia

Refiere al uso de cualquier combinación de la siguiente media para presentar información: texto, imágenes gráficas, audio y video. Hace tiempo que este término viene implicando cierto grado de interacción entre el usuario y la media.

Navegador

Refiere a un programa de software que le permite a uno llegar a los distintos sitios en la Red. Algunos ejemplos comunes son: Netscape Navigator, Apple Safari, Microsoft Internet Explorer y Mozilla Firefox.

Obturador (en inglés, "aperture")

En la fotografía, es la parte de la cámara que abre y cierra para controlar la cantidad de luz que le entra a la máquina fotográfica.

Paleta "Pop-up"

Refiere a la parte del interfaz gráfico (véase arriba) que aparece en la forma de varias ventanitas cambiables que se usan para la selección de colores, para el uso de herramientas para navegar, para elegir efectos para aplicar a imágenes y para muchas otras tareas.

Panel de Control (del inglés, "Control Panel")

Refiere a la herramienta principal del sistema operativo de las computadoras que se usa para personalizar las muchas funciones de la computadora, como ser el cambiar el interfaz gráfico, ajustar la resolución de la pantalla, seleccionar de disco duro que se usa para arrancar la computadora, fijar el acceso al Internet, cambiar la fecha y la hora y para controlar el uso de software utilitario (como el software anti-virus). Para las computadoras Macintosh se emplea el término "preferencias de sistema", del inglés, "system preferences".

Pérdida generacional

Refiere a la pérdida de calidad de imagen de los productos analógicos cada vez que se copian. Es decir, una copia de una cinta VHS es de menor calidad de imagen que la copia original, y una copia de la copia, o sea la tercera generación, pierde todavía más calidad de imagen y así sucesivamente.

Pérdida de datos digitales

Refiere a la pérdida de información digital cada vez que se procesa un afiche. Sucede cada vez que se usa cualquier forma de compresión y con el uso de herramientas, filtros, y transiciones de uso común en programas de software diseñados para manipular imágenes digitales y video digital.

Plantilla (en inglés, "template")

Refiere al uso común de afiches digitales modelo que se pueden adaptar o cambiar en el procesamiento de un producto final. Se usan plantillas para bajar el nivel de dificultad y así acortar el tiempo que encierra el proceso de manipular imágenes digitales para la multimedia y para el video digital. Muchos programas de software como Microsoft PowerPoint y Apple Keynote incorporan plantillas para ayudarle al usuario a crear informes digitales con menos esfuerzo.

Plug-in

Refiere a varios tipos de software utilitario y opcional que complementan y dependen de programas de software huésped como Adobe Photoshop. Se entiende que los plug-in son para propósitos específicos como el de crear sombras y otros efectos especiales.

Procesadora de audio digital

Refiere a cualquier software que se usa para captar, crear o modificar el audio digital. Este software abarca herramientas para manipular secuencias de sonidos y agregar efectos especiales. Aunque existen programas individuales como Peak Bias Pro, las procesadoras de video digital suelen incorporar funciones para trabajar con el audio digital también.

Procesadora de imágenes digitales

Refiere a cualquier software que incorpora herramientas para crear o realzar fotos, imágenes digitales u otro arte digital. Tres ejemplos son Adobe Photoshop, Adobe Illustrator y Apple Aperture.

Procesadora de palabras

Refiere al software que se usa con una computadora para generar documentos a base de texto e imágenes. El programa de software más popular por lejos de este tipo es Microsoft Word.

Procesadora de video digital

Refiere al software que se usa con una computadora para grabar y manipular el video digital. Compañías de alto calibre que venden tales productos son Adobe, Apple, Avid y Media 100.

Procesar (manipular) el video digital (en inglés, "Digital Video Editing", conocido por sus siglas DVE)

Refiere al procesamiento del video digital empleando una computadora para tener acceso a afiches de video captados o almacenados. Permite el acceso rápido a cualquier parte del proyecto, evitando el tener que rehacer el proyecto cada vez que se procesa. El proceso encierra dos etapas de producción y tres etapas posteriores a la producción.

Procesar el video linear

Refiere al procesamiento tradicional del video con el uso de la tecnología analógica. Se basa en copiar sectores de cintas de audio y de video a una cinta maestra. Se entiende que hay que trabajar los segmentos de media por el orden de las cintas originales.

Profundidad de campo

En la fotografía, refiere a esa distancia entre los objetos más cercanos y los más lejanos en el enfoque.

RAID (por sus siglas en inglés, "redundant array of inexpensive disks")

Refiere al proceso de almacenamiento rápido de datos digitales. Se dividen afiches grandes (como segmentos de video) en pedazos para luego transferirlos a distintos sectores de uno o más discos duros al mismo tiempo.

RAM (por sus siglas en inglés, "Random Access Memory")

Refiere a la memoria electrónica que se coloca en bancos en la tarjeta madre de las computadoras personales. Su propósito es el de hacer tareas digitales tales como abrir ventanas y procesar datos a través de programas de software. Mientras más RAM, más rápida es la computadora para cumplir con estas tareas.

Rastreador óptico

También conocido como escáner, refiere al dispositivo periférico que convierte a forma digital los documentos, las fotos y las imágenes que están en papel.

Ratón (en inglés, "mouse")

Refiere al dispositivo de hardware que controla el puntero (en inglés, "cursor") que aparece en la pantalla. Vienen incorporados, atados a través de un alambre con un conector USB o en forma inalámbrica.

Red (fem., escrita con letra minúscula, en inglés, "network")

Una red refiere al uso de computadoras para compartir información digital. Véase LAN (arriba) y WAN (abajo).

Rendir (Rendimiento) (del inglés, "rendering")

Refiere al proceso de convertir en uno (o sea, aplanar – "to flatten") múltiples niveles de una imagen digital o fiche de video digital que manifiesta efectos especiales, filtros, transiciones y/o texto. Representa una etapa del video digital que se efectúa posterior a la producción. Después de rendirse, los afiches que ya son más pequeños se transfieren a CD-ROM, a DVD o a la Red.

Resolución de imagen

Refiere al número de puntos por pulgada (en inglés, "dots per inch"). Mientras más puntos por pulgada, mayor es la resolución.

Resolución de cinta de video según su formato

A nivel de consumidor, la cinta de video de mayor resolución es la cinta DV. Después vienen la Mini-DV, la Hi-8, la S-VHS y la VHS, en este orden.

SCSI (por sus siglas en inglés, "Small Computer Systems Interface").

Refiere a uno de los estándares antiguos de interfaz para conectarle hardware periférico a la computadora. Además de ser caros, los dispositivos SCSI tenían estas desventajas: había que prender el hardware SCSI antes de poner la computadora; y no se podía ni enchufar ni desenchufar los dispositivos SCSI con la computadora prendida sin correr riesgos de dañar la placa madre.

Software

Refiere a los datos digitales en forma de texto, de audio, de video o de programas digitales empleados por las computadoras. Entre sus propósitos más comunes figuran los siguientes: arrancar la computadora, realzar o reemplazar hardware y otro software, y captar, procesar y guardar datos digitales. El software se guarda en varios tipos de dispositivos magnéticos.

Software de autoría

Refiere a dos cosas diferentes. Primero, refiere al software como Roxio Toast Titanium, que se usa para transferir datos digitales a CD o a DVD. Segundo, refiere al software que se usa para crear otros programas de software con los propósitos de entrenar, avisar o entretener. O sea, sirve para crear kioscos, juegos, tutoriales y otros programas para la multimedia y la Red. Adobe Flash es un producto estándar de autoría. Para mejor aprovechar el software de autoría se trabaja con plantillas (véase arriba) y media comercial.

Tarjeta (tabla o placa) madre (para las computadoras Macintosh es común el término "tabla o tarjeta lógica", del inglés, "logic board")

Refiere a la tabla principal interior de las computadoras. Viene con huecos, conectores, interfaces y tablas secundarias y es donde se guarda la memoria RAM, el CPU, y una memoria especial que sirve para fijar los componentes de la computadora.

Teclado (en inglés, "keyboard")

Refiere al componente de hardware básico de la computadora comprendido por un tipo de tabla con teclas y funciona para entrar información a la computadora. Los teclados actualmente vienen de tres formas: vienen incorporados a ciertas computadoras; vienen con alambres con el interfaz USB; y vienen en forma inalámbrica.

Tipo (en inglés, "font")

Refiere a las diferentes clases de letra que aparece en la pantalla de la computadora e impresa en el papel. El que se recomienda para el uso en la Red es "Arial".

Transferencia (en inglés, "outputting")

Refiere a otra de las etapas posteriores a la producción en el proceso de manipular el video digital. Se usa la computadora para mandar el producto final a CD-ROM, a DVD, o a la Red.

Transferencia de datos digitales a redes

Refiere al proceso de usar una computadora (u otro dispositivo) conectada a una red para cargar (en inglés, "upload") y descargar o bajar (en inglés, "download") datos digitales.

Unidad central de proceso (CPU, por sus siglas en inglés, "central processing unit")

Ubicada en la tarjeta madre, refiere a la pieza de la placa madre que tiene el poder procesador de la computadora. En el pasado era común confundir la CPU con el cajón entero donde residen todos los componentes internos de la computadora. Entre los distintos tipos de CPU son las cinco generaciones de PowerPC de Apple y la Intel Core Duo, que combina dos procesadoras en una.

USB (por sus siglas en inglés, "Universal Serial Bus")

Refiere a uno de los estándares de interfaz tipo hardware que se usa para transferir información digital entre un dispositivo periférico y una computadora. Actualmente se usa la versión USB II.

Uso razonable (o uso justo) académico (del inglés, "Fair Use")

Refiere a los principios (no leyes) que rigen el uso de los materiales digitales que son protegidos por los derechos de autor por estudiantes y personal docente en circunstancias académicas. Un mayor grado de libertad/flexibilidad de uso se les otorga a estos usuarios con tal de que el uso académico (véase: http://www.umuc.edu/library/copy.shtml):

- No llegue a la esencia del material original

- Emplee una cantidad mínima del material original
- No se use para fines lucrativos
- No impacte posibles ventas futuras del material original

Video en progreso (en inglés, "assembled rough cut")

Refiere a una etapa inicial del proceso de procesar el video digital. En esta etapa se juntan los segmentos para montar un borrador del video.

Videógrafo

Refiere a la persona que graba los segmentos originales de audio y de video. Además puede que esta persona saque fotos para propósitos de video digital.

Video comprimido (del inglés, "compressed video"):

Refiere a distintos niveles de reducción de calidad de imagen de video. La meta fundamental es la de bajar los requisitos de almacenaje al tratar de mantener la mejor calidad de imagen posible. El video para la Red se comprime mucho más que el video destinado a otros propósitos.

Virus

Refiere a un programa de software que cambia datos digitales de una u otra forma en una computadora u otro dispositivo que funciona a base de software. Hay varios tipos de virus y muchos de éstos pueden dañar los programas de software existentes de manera que hay que volver a cargarlos una vez "infectados" para que funcionen apropiadamente.

WAN (por sus siglas en inglés, "Wide Area Network") es una red de computadoras más grande que la LAN (véase arriba.). Un ejemplo es la que incorporaría una universidad.

Apéndice B: Detección y solución de problemas

Si bien es cierto, la tecnología moderna es más confiable que la de hace una década porque las computadoras se traban menos que antes, y el software es más fidedigno, llegando en versiones cada vez más confiables y con mejoras constantes. Además, vienen con más RAM, y por eso son capaces de abrir y emplear varias programas de software al mismo tiempo sin trabarse.

Sin embargo, quien dijo tecnología dijo problemas. Teniendo a mano una computadora personal, no hay que esperar mucho tiempo para meterse en honduras de alguna forma u otra. La lista de posibles problemas parece ser infinita. Si bien es cierto, puede ser el problema tan sencillo como el no tener bien enchufado un cable conector o el no tener prendida la cámara digital que está conectada a la computadora. Y por su puesto, muchos problemas se deben a las secuelas causadas por los virus digitales. Pero de repente hay problemas debidos a otros factores que uno ni siquiera se imagina. Por ejemplo, puede haber una falta de suficiente memoria RAM para ciertas tareas digitales como ser el rendir un gráfico grande o el trabajar con el video digital. O puede que una nueva versión de software o un nuevo disco duro externo no sea compatible con el sistema operativo existente, o que el software nuevo requiera una tarjeta especial para funcionar. Puede haber problemas de software donde no funciona el reloj interno de la computadora, problemas debidos a una falta de organización como el perder la contraseña para entrar en la computadora o para actualizar un programa de software. Puede que el CD que está en uso esté sucio o rayado para que no funcione bien. Un cable conector del disco duro externo puede estar en mal estado o el cable del ratón puede estar roto por dentro. Puede que la computadora no se recobre del estado de descanso, o que una impresora malograda no imprima. Por otra parte, será que el software controlador de esa impresora necesite recargarse. Se traba la computadora y se pierde información, se corrompe el disco duro con tanta información de video, o ya no se puede conectar uno con la Red por un motivo desconocido.

La Figura 16 presenta algunos de los entuertos más communes y una serie de procedimientos que se podrían seguir para tratar de desenredarlos. Claro está, las acciones no siempre van a tener éxito. Su propósito es el de poner al lector a pensar en posibles maniobras para comenzar a atacar los problemas. Además, es importante tratar de evitar los problemas de hardware y de software, y en caso de suceder, pocurar remediarlos sin grandes gastos de dinero. Y, efectivamente, el usuario mismo puede solucionar muchos de los problemas.

Síntomas problemáticos comunes	Posibles soluciones
La computadora no se prende	• Se desenchufa y se vuelve a enchufar para asegurar de que estén bien puestos los cables. Luego se vuelve a prender la computadora. • Si esto no funciona, se cambian los cables por otros y se trata de prender la computadora otra vez. • En caso contrario, puede que haya algún problema con la llegada de la electricidad a la computadora, o sea, con la fuente de poder. En este caso, habría que llevar la computadora al taller.
La pantalla no funciona	• Se revisan los cables y se cambia el que da acceso a la electricidad si es necesario. En algunos modelos se puede cambiar hasta el cable de video. • Si aún no funciona la pantalla, se puede cambiarla por otra que esté a mano. Si esta nueva pantalla no funciona, el problema tendrá que ver con la tarjeta de video que está en la computadora. • Si hay acceso a otra tarjeta de video, se puede cambiarla por la que está instalada. En caso contrario, habría que llevar la tarjeta original a inspeccionar por un técnico.

Se prende la computadora pero no hay acceso al disco duro	• Se desenchufa toda la tecnología periférica exterior y se prende la computadora sin ella. • Se comienza la computadora con el CD de instalación original o con otro disco duro con el sistema operativo que esté a mano para ver si aparece el disco duro de arranque. Si no, entonces o está malogrado o está mal enchufado el disco duro. (Entonces se revisan los cables y si esto no funciona, se cambia el disco duro por otro.) • Al aparecer el nuevo disco duro arrancador, se vuelve a instalar el sistema operador en el disco duro que no funciona. A veces es necesario formatearlo (perdiendo toda la información en el disco duro) antes de instalar el nuevo sistema. Si no aparece el icono del disco duro en la pantalla, estará malogrado.
La impresora no responde	• Se revisan los cables. • Se apaga todos los artefactos periféricos menos que la impresora y se vuelve a tratar de usarla. • Se vuelve a cargar el software controlador de la impresora.
La computadora está prendida y trabada – no se puede seguir	• Se apaga y se vuelve a poner. • Si no apaga, se desenchufa y se vuelve a enchufar y prender. • Si no funciona, se prende con el CD de instalación y se vuelve a instalar el sistema operador en el disco duro.

Se cree que hay un virus	• Se corre un programa anti-virus. • Se recomienda volver a cargar el software, comenzando con el del sistema operador y siguiendo con las programas instalados que se creen afectados.
El módem no funciona	• Se apaga y se prende la computadora. • Se revisa las conexiones y la selección de módem.

Figura 16: Problemas comunes y sus posibles soluciones

Apéndice C: Algunos sitios virtuales visitados

Http://audacity.sourceforge.net
Http://blogwindows.es
Http://lanic.utexas.edu/la/region/news/indexesp.html
Http://netscape.com
Http://netscape-esp.uptodown.com
Http://sportspodcast.com
Http://tech.groups.yahoo.com/group/videoblogging
Http://technorati.com/blogs/directory
Http://twitter.com
Http://urumelb.tripod.com/periodicos_index.htm
Http://wordpress.com
Http://www.20minutos.es
Http://www.20minutos.tv
Http://www.apple.com
Http://www.bbc.co.uk
Http://www.bbc.co.u/mundo/index.shtml
Http://www.bbcmundo.com
Http://www.blogger.com

Http://www.blogia.com
Http://www.blogsfera.com
Http://www.blogsome.com
Http://www.cnn.com
Http://www.cnn.com/español
Http://www.elmercurio.com
Http://www.elmundo.es
Http://www.elmundo.es/diccionarios
Http://www.en.wikipedia.org/wiki/main_page
Http://www.español.yahoo.com
Http://www.eswikipedia.org/wiki/blog
Http://www.es.wikipedia.org/wiki/portada
Http://www.facebook.com
Http://www.flickr.com
Http://www.fotosearch.com
Http://www.google.com
Http://www.google.com/intl/es
Http://www.itunes.com
Http://www.mac.com
Http://www.media100.com
Http://www.newblog.com
Http://www.oit.umass.edu/academic
Http://www.photoblogs.org/hot
HTTP://www.poodcast.com
Http://www.podcastalley.com
Http://www.rae.es
Http://www.squidoo.com
Http://www.squidoo. com/vlogs
Http://www.studentfilmakers.com
Http://www.studyspanish.com

Http://www.thehouseofblogs.com
Http://www.umuc.edu/library/copy.shtml
Http://www.wdl.org/es
Http://www.youtube.com
Http://www.zoomblog.com

Blogger (google)
~~Recau~~s ~~Recau~~s
google : animo
Recauchado